ARMADILHA DA IDENTIDADE

RAÇA E CLASSE NOS DIAS DE HOJE

ASAD HAIDER

COPYRIGHT © ASAD HAIDER, 2024
TODOS OS DIREITOS RESERVADOS À VENETA

DIREÇÃO EDITORIAL **ROGÉRIO DE CAMPOS E LETICIA DE CASTRO**
ASSISTENTE EDITORIAL **GUILHERME ZIGGY**
TRADUÇÃO **LEO VINICIUS LIBERATO**
REVISÃO **GUILHERME MAZZAFERA, ANDRÉA BRUNO E EDERLI FORTUNATO**
NOTAS **COLETIVO BADERNA**
DIAGRAMAÇÃO **LILIAN MITSUNAGA**
CAPA **GUSTAVO PIQUEIRA | CASA REX**

Dados Internacionais de Catalogação na Publicação (CIP)

H149 Haider, Asad
      Armadilha da identidade: raça e classe nos dias de hoje. 2ª Edição / Asad Haider. Tradução de Leo Vinicius Liberato. Prefácio de Silvio Luiz de Almeida. – São Paulo: Veneta, 2024. (Coleção Baderna).

      192 p.
      Título Original: Mistaken identity: race and class in the age of Trump. 1ª Edição. São Paulo: Veneta, 2022. ISBN 978-85-9571-051-1

      ISBN 978-85-9571-286-7

      1. Política Identitária. 2. Política anti-racista. 3. Identidade. 4. Raça. 5. Classe. 6. Movimentos Sociais. 7. Interseccionalidade. 8. Universalidade Insurgente. 9. Categoria Contemporânea de Identidade. 10. Política Emancipatória. 11. Estados Unidos. I. Título. II. Raça e classe nos dias de hoje. III. Série. IV. A política identitária. V. Contradições entre as pessoas. VI. A ideologia racial. VII. Passing. VIII. Lei e ordem. IX. A universalidade. X. Liberato, Leo Vinicius, Tradutor. XI. Almeida, Silvio Luiz de.

CDU 316   CDD 305

Catalogação elaborada por Regina Simão Paulino – CRB 6/1154

EDITORA VENETA
Rua Araújo, 124 1º andar 01220-020 São Paulo SP
www.veneta.com.br | contato@veneta.com.br

SUMÁRIO

PREFÁCIO DA EDIÇÃO BRASILEIRA 7
AGRADECIMENTOS 21
PREFÁCIO DA EDIÇÃO de 2022 23
INTRODUÇÃO 23

1. A POLÍTICA IDENTITÁRIA 39

2. CONTRADIÇÕES ENTRE AS PESSOAS 61

3. A IDEOLOGIA RACIAL 79

4. *PASSING* 103

5. LEI E ORDEM 123

6. A UNIVERSALIDADE 145

POSFÁCIO 161
NOTAS 183

PREFÁCIO DA EDIÇÃO BRASILEIRA

No início de 2018, período em que redigia meu livro *Racismo Estrutural* (Pólen, 2019), deparei-me com a entrevista de um intelectual estadunidense de origem paquistanesa chamado Asad Haider. Nesta entrevista, Haider falava sobre as ideias contidas em seu recém-lançado livro, *Mistaken Identities: Race and Class in the Age of Trump*, que agora ganha sua versão brasileira sob o título *Armadilha da identidade: raça e classe nos dias de hoje*, publicado pela editora Veneta. Quero fazer algumas considerações sobre minha experiência; primeiro, com a entrevista de Haider, e, depois, com seu livro, agora com a tradução para o português de Leo Vinicius Liberato.

Ao ler a entrevista, impactou-me a radicalidade e o destemor com que o espinhoso tema das políticas identitárias (ou "identitarismo", como se diz aqui no Brasil) foi tratado. Haider não se furtou a abordar o tema de modo crítico, sem cair nos simplismos que geralmente marcam este debate. Desde logo vi que sua contundência não era fruto apenas de um posicionamento firme contra os efeitos deletérios da atual versão das "políticas de identidade", mas, principalmente, de um pensamento erigido a partir de um arcabouço teórico sólido, que não abria espaços para concessões circunstanciais ou para o mero comodismo ideológico.

Terminada a leitura da entrevista, apressei-me em comprar o livro em sua versão original. O livro confirmou as impressões iniciais que tive sobre o autor e a importância de seu trabalho para o momento pelo qual passa nossa sociedade.

Logo na introdução, Haider relata o modo com que sua vida intelectual foi forjada por uma experiência marcada pela constante luta contra as determinações de sua identidade racializada de homem de origem paquistanesa, um "não branco", nos Estados Unidos da América. Mas a questão central retirada do relato de Haider é que, mesmo recusando-se a pensar o mundo dentro das fronteiras reservadas às pessoas não brancas, a identidade sempre estava lá. A identidade o atravessava em cada escolha, em cada passo; não bastava tentar a "ressignificação" de sua subjetividade ou a recusa existencialista de qualquer sentido prévio que se pudesse atribuir à sua vida. O fato é que pensar a si mesmo e ao mundo implicava no enfrentamento da questão da identidade. Não pude deixar de me reconhecer nas palavras de Haider: sou um advogado e professor de Filosofia do Direito que não tratou da questão racial diretamente em seus trabalhos de mestrado e doutorado. Mas, independentemente de minhas escolhas, sempre esteve além da minha vontade ser reconhecido, medido e avaliado como um homem negro. Percebi que até a decisão de ter ou não uma vida intelectual alheia a reflexões sobre o racismo não poderia ser feita sem um confronto com a minha identidade racial. Se resolvesse não estudar a questão racial, e apenas me dedicar à Filosofia, ao Direito ou à Economia Política eu precisaria passar a vida toda me explicando por tal decisão, uma vez que sou negro. A identidade é, portanto, algo objetivo, vinculado à materialidade do mundo, e pessoas não brancas como Haider e eu somos pensados através da identidade, ainda que nela não pensemos.

Mas, nesse sentido, como a identidade pode ser uma "armadilha" se dentro dela já inevitavelmente estamos? E é esse o ponto mais importante do livro: a identidade se torna uma armadilha quando se converte em uma política, ou, mais precisamente, em "política de identidade" ou "identitarismo". O cerne do livro é a distinção entre identidade e política de identidade, com foco na identidade *racial*. O que Haider nos propõe aqui é que "devemos rejeitar a identidade como base para se pensar a política identitária". Ou em outras palavras: que não se pode compreender uma ideologia por meio de concepções igualmente ideológicas. A identidade é fruto de uma história, que só pode ser alcançada caso mergulhemos nas relações sociais concretas. Se a identidade é uma ideologia, ela o é no sentido althusseriano de prática material: a identidade como ideologia "existe" nas relações concretas e se manifesta na prática de indivíduos "assujeitados" (tornados negros, brancos, homens, mulheres, trabalhadores, trabalhadoras etc.) pelo funcionamento das instituições políticas e econômicas, orientadas pela e para a sociabilidade do capitalismo.

A "armadilha" de que fala Haider não está em se levar em conta a identidade nas análises sobre a sociedade, mas em analisá-la como se fosse algo *exterior* às determinações materiais da vida social. Afastada de sua dimensão social, a identidade passa a ser, simultaneamente, ponto de partida e ponto de chegada, colocando o pensamento em um *loop* infinito de pura contradição. Desse modo, o debate intelectual sobre a identidade jamais ultrapassa a si mesmo, incapaz que é de projetar-se nas relações concretas que sustentam as identidades sociais. À sombra do identitarismo, o mundo é uma fantasmagoria em que ser negro, mulher, LGBTQIA+, trabalhador e todo sofrimento real projeta-se em narrativas fragmentadas, relatos de experiências pessoais (*storytelling*) e outros subjetivismos travestidos de método. Ainda que se refiram a experiências comuns de muitos indivíduos, as narrativas e relatos subjetivos não nos oferecem mais do que um caleidoscópio sociológico. O identitarismo, como forma de pensar a realidade, tem o seu limite máximo nas manifestações da ideologia identitária.

O que faz Haider é desvendar a historicidade do que chama de "categoria contemporânea de identidade". O adjetivo "contemporânea" utilizado pelo autor serve para dizer que a identidade como um elemento a ser levado em conta na organização das lutas políticas emancipatórias e revolucionárias, não nasceu como uma armadilha antirrevolucionária, mas, pelo contrário, já integrava as reivindicações de pessoas genuinamente comprometidas com a transformação social, como Malcom X, Huey P. Newton e Kathleen Cleaver. Como nos conta Haider, o problema político da identidade foi colocado pela primeira vez de forma direta pelo Coletivo Combahee River – formado por militantes socialistas negras e lésbicas –, que denunciaram no texto "A Black Feminist Statement" como o socialismo revolucionário tinha no racismo e no sexismo presentes na própria esquerda um obstáculo a ser superado. O que as militantes do Coletivo Combahee River fizeram foi chamar as esquerdas para assumirem uma postura coerente com o materialismo histórico. O Coletivo Combahee River fez o que Sartre chamaria de "apelo ao concreto" ao criticar um certo marxismo mágico que se move do "abstrato para o abstrato", subvertendo o método dialético que, como ensinou Marx, consiste em "elevar-se do abstrato em direção ao concreto". É uma espécie de marxismo sem história e sem dialética, que trata categorias como classe, mercadoria e valor como absolutos autorreferenciais e que, no fim das contas, nada tem a dizer sobre a realidade. Sua serventia é tão somente criar palavras de ordem e frases de efeito que irão estampar bandeiras e bótons em manifestações. É desse marxismo exótico que nasce um tipo de "marxista" portador de uma subjetividade que atua como um "grilo falante" (ou bobo da corte, como preferirem) do sistema, ou como uma espécie de *ombudsman* do capitalismo; um crítico autorizado que jamais tem que lidar com as próprias contradições e que tem como função aplicar um programa revolucionário imaginário e delirante, que pouco ou nada tem a ver com marxismo. Enfim, ao colocar a identidade racial e sexual no tabuleiro, o Coletivo Combahee River jamais pretendeu fazer da identidade o único foco da política. Seu objetivo era demonstrar a complexidade da vida social e das lutas que se desenrolam no cotidiano. Assim, uma transformação radical da sociedade exigiria que um certo "reducionismo de classe vazio" pudesse ser desafiado, abrindo-se espaço para possibilidades de organização oriundas da práxis de trabalhadores e trabalhadoras, brancos, negros, mulheres, LGBTQIA+ e imigrantes. Como afirma Haider, movimentos como Combahee River "não deveriam ser considerados como desvios de um universal, mas, sim, como a base para desestabilizar a categoria de identidade e criticar as formas contemporâneas de política identitária – fenômeno cuja forma histórica específica a luta revolucionária negra não poderia ter previsto ou antecipado, mas cujos precursores ela identificou e a eles se opôs" (pag. 37). O Coletivo Combahee River nos ensinou que em um movimento anticapitalista "o mais importante é saber se ele é capaz de atrair um amplo espectro de massas e de possibilitar sua auto-organização, buscando construir uma sociedade na qual as pessoas se governam e controlam suas próprias vidas" (pag. 41).

A identidade, demonstra-nos Haider com os exemplos de revolucionários como as feministas negras do Combahee River, Malcolm X e os Panteras Negras, não é a armadilha em si. A armadilha antirrevolucionária apresenta-se quando a política se reduz à afirmação de identidades especificas. E parte expressiva da esquerda caiu nessa armadilha epistemológica de graves consequências políticas. Em termos políticos, a política identitária acaba tendo como efeito a reafirmação da subjetividade colonial e não uma mudança estrutural efetiva. Ora, um negro é um negro por causa do racismo, e não porque sua negritude não é valorizada ou *reconhecida*; da mesma forma, um branco também é um branco por causa do racismo, e não devido à sua "brancura". E não há racismo sem estruturas políticas e econômicas que sustentem um processo contínuo de transformação de indivíduos em "negros" e "brancos". Da mesma forma que não existem "negros essenciais" que sejam legítimos herdeiros de realezas africanas perdidas no tempo, não existem brancos – mesmo entre os que se acham risivelmente nobres ou genuínos – que não sejam resultantes de uma construção muito paciente e cuidadosa da modernidade, como ensina Achille Mbembe. De tal sorte que tratar o racismo como resultado de uma vaga e abstrata ideia de "supremacia branca" sem explicar os termos com que isso é viabilizado política e economicamente apenas comprova o quanto de confusão a versão contemporânea das políticas de identidade pode causar.

É, portanto, contra o próprio processo político e econômico de constituição de subjetividades que se deve lutar, e por isso é fundamental que as identidades sejam consideradas como um dado analítico e como um elemento concreto de organização estratégica e/ou tática da política, sem o que não há revolução, e mesmo reforma, possível. Lênin, cuja veia revolucionária não se há de negar, já sabia da importância da identidade na política quando escreveu seus famosos textos sobre a questão nacional e sobre os pogroms contra os judeus.

Por isso, tomar a identidade como o centro da política é o mesmo que tentar acabar com o capitalismo comprando todas as mercadorias existentes até que não sobre mais nenhuma. A política identitária sem um horizonte de transformação do próprio "maquinário social" que produz as identidades sociais gera uma camisa de força que faz com que o "sujeito" negro, mulher, LGBTQIA+ possa ser, no máximo, uma versão melhorada e menos sofrida daquilo que o mundo historicamente lhe reserva.

A eficiência da armadilha identitária está no seu duplo funcionamento, que serve tanto à "direita" quanto à "esquerda antirrevolucionária". Em relação à direita, o uso da política identitária e da insistência subjetivista é algo tradicional e faz parte do individualismo metodológico que é a marca do liberalismo e do neoliberalismo. Clamar por uma "identidade branca" ou ostentar uma identidade nacional contra não brancos e imigrantes é um clássico da direita, especialmente em tempos de crise do capitalismo, que, de liberal e universalista, rapidamente pode virar a chave para o fascismo. Mas uma "identidade negra" desconectada das estruturas sociais também pode ser conservadora ou reacionária e servir aos propósitos de reprodução do capitalismo, que historicamente tem se mostrado capaz de metabolizar o racismo e transformá-lo em aspirações de consumo e de poder. Ao fim e ao cabo, a política identitária, especialmente em tempos neoliberais, é um fator importante para que a divisão social e a atomização que marcam o capitalismo continuem a acontecer.

E como o identitarismo paralisa a "esquerda"? Tornando-a refém da política identitária, o que pode acontecer de dois modos: 1) quando a esquerda *só* fala de identidade; 2) quando a esquerda *se recusa* a falar de identidade.

No primeiro caso, a esquerda restringe-se a movimentos dentro dos estreitos limites do sistema, esperando que ele se "irrite" e atenda às suas reivindicações na forma de "direitos". No fim das contas, a política identitária limita as organizações de esquerda ao figurino jurídico da luta por "mais direitos" e não há nada mais antirrevolucionário do que o "neoliberalismo de esquerda", como já nos alertou Nancy Fraser. Na maior parte dos casos, ainda que possa gerar conflitos e trazer mudanças significativas na vida das pessoas, "mais direitos" não constitui um problema sério para o capitalismo: conceder direitos evidencia a plasticidade de um sistema que precisa ser reformável para continuar se reproduzindo. Quando o único objetivo das esquerdas é o reforço da subjetividade – especialmente de sua forma mais bem-acabada, a *subjetividade jurídica* – as formas sociais do capitalismo (mercadoria, dinheiro,

Estado) que estão conectadas com a forma jurídica serão preservadas. Asad Haider trata da questão ao falar de como o movimento pelos direitos civis não era inicialmente um pleito somente por mais direitos, por "ação afirmativa" ou por inserção no capitalismo. O movimento pelos direitos civis foi em sua origem um movimento anticapitalista e contou com uma participação decisiva de pessoas negras, algumas ligadas ao Partido Comunista dos EUA. Só posteriormente o movimento pelos direitos civis, quando passou a ser liderado por advogados, ganhou uma face, digamos, "liberal", como nos conta Michelle Alexander em *A nova segregação* (Boitempo, 2017). O movimento pelos direitos civis, pela própria constituição histórica do capitalismo estadunidense, foi, nas palavras do autor, "o equivalente mais próximo nos Estados Unidos dos movimentos operários de massa na Europa pós-guerra" que ajudaram a estruturar o projeto revolucionário e o desenvolvimento da teoria marxista. (pag. 40).

Por outro lado, se o identitarismo é um problema para quaisquer pleitos emancipatórios, a recusa apriorística da identidade também o é. Há uma esquerda "anti-identitária" que pode ser tão ou mais benéfica ao neoliberalismo como os mais convictos identitaristas. O anti-identitarismo está no discurso de uma esquerda que se diz "tradicional", "raiz", e considera que a identidade e as questões a ela relacionadas são desviantes "do plano puramente econômico". Tratar de identidade só serve para dividir a "classe trabalhadora", costumam afirmar. Uma classe trabalhadora coesa, indivisa e sem contradições só existe em abstrações mentais originadas de leituras quase evangélicas dos textos de Marx e Engels (cujos escritos partem da observação da classe trabalhadora real). Daí podemos ver que ser "anti" qualquer coisa é pautar-se, ainda que na chave da recusa, por aquilo que se quer negar. Em outros termos: a esquerda "tradicional" e "classista" é igualmente identitarista e, portanto, antirrevolucionária. Sua marca é a incapacidade de se conectar com o cotidiano de sofrimento, humilhação e privação de trabalhadores e trabalhadoras que não estão na universidade, que não participam de rodas de conversa, que sequer sabem falar direito a língua de seus patrões. Paradoxalmente, a identidade dessa esquerda não identitária é assumir uma identidade "de classe", uma classe totalmente apartada da realidade.

Nesse ponto, a esquerda dita tradicional e pretensamente revolucionária trabalha nos mesmos moldes que o reformismo social-democrata e suas críticas às divisões que o identitarismo promove rumo ao "projeto nacional" e ao "desenvolvimento". Essas esquerdas podem dar as mãos porque uma, em seu ímpeto revolucionário abstrato, e a segunda, em seu reformismo calcado na construção de uma identidade conservadora, têm em comum a falta de compromisso político com a transformação da sociedade e a emancipação humana.

É interessante notar como o livro de Haider nos leva a pensar em diversas "armadilhas" dentre as quais a fixação na raça é apenas uma delas. O capitalismo não é plenamente compreensível dentro do binômio esquerda-direita, que é ideológico. Há uma esquerda "identitária" e uma esquerda "anti-identitária", como falamos. Há também uma direita "identitária" ("pelo direito de ser branco", "América para os americanos", "Brasil acima de todos, Deus acima de tudo"), mas há uma direita "anti-identitária", liberal, iluminista e universalista. O que isso nos revela? Em primeiro lugar, que tanto parte da esquerda como da direita têm em comum o fato de tratarem a identidade fora das relações sociais concretas, com base em seus respectivos substratos ideológicos; e em segundo lugar, que a etapa neoliberal do capitalismo mantém a direita e a esquerda sob controle, já que os termos das disputas e dos projetos políticos não comprometem a reprodução das formas sociais do capitalismo.

Ainda que o livro de Haider analise o debate contemporâneo sobre a identidade racial no contexto dos Estados Unidos da América, a importância da obra para a compreensão de nossos problemas aqui no Brasil e na América Latina não pode ser subestimada. Este livro abre um importante caminho para que possamos, a exemplo do que fez Haider tendo por base a realidade dos EUA, traçar uma história da construção social da identidade na periferia do capitalismo, em que o problema da identidade ganha contornos bastante distintos em virtude das práticas coloniais. É impossível contar a história da formação social dos países da América Latina, da África, da Ásia e da Oceania sem levar em conta o modo como as lutas políticas foram organizadas a partir de uma concepção revolucionária da identidade e como as lutas anticoloniais tiveram na afirmação de uma "identidade nacional" negra e/ou indígena o seu ponto de ebulição. Tal como Haider fez quando tomou o exemplo do Coletivo Combahee River, precisamos entender como a atividade de intelectuais e ativistas como Amílcar Cabral, Frantz Fanon, Eric Williams, Walter Rodney, Clóvis Moura, Lélia Gonzalez, Hamilton Cardoso, Carlos Mariátegui e tantas outras pessoas forneceu a possibilidade de uma visão não individualista, politicamente agregadora e revolucionária da questão da identidade.

Mas que as críticas de Haider às políticas de identidade e meu endosso a elas neste prefácio não sejam tomadas como se tratássemos de um problema ético. Nem de longe se trata disso. Como toda ideologia, o identitarismo tende a formatar nossos valores morais, mas sua origem não está em noções pessoais de certo e errado. As políticas de identidade em sua forma atual são sintomas da crise que levou a uma reorganização dos mecanismos de reprodução social do capitalismo. O identitarismo é uma das formas assumidas pela ideologia neoliberal, que cultua o hiperindividualismo, o empreendedorismo, as "metas" e que, ao mesmo tempo, justifica a destruição do valor da solidariedade e dos mecanismos estatais de proteção social. Com isso, fica aberto o espaço para o extermínio da população negra e indígena e para o encarceramento em massa como métodos de controle da pobreza.

Mas o livro de Haider nos oferece possibilidades de uma análise comparada entre Brasil e EUA que não se esgota nas coincidências entre as experiências de ambos os países com o neoliberalismo. Não são apenas as pegadas do passado que são iluminadas. O livro nos permite olhar para acontecimentos do presente, que relacionam Brasil e EUA. Com a ascensão da extrema-direita ao poder em 2019, as pautas identitárias ganharam um novo sentido já que o atual governo brasileiro se apoia em um discurso ideológico, de forte afirmação identitária (não universalista, branca, heterossexual, fundamentalista e virulentamente anticomunista). Tal qual nos EUA, a crise econômica de 2008 rompeu o aparente consenso multiculturalista, democrático e universalista da ideologia neoliberal que até então amparava as políticas identitárias.

O problema da identidade é um problema político urgente, ligado à lógica de reprodução social do capitalismo. Por isso, deve ser tratado de modo crítico, a fim de que possamos lidar com uma "realidade contraditória". Essa realidade contraditória nos leva a pensar que, sim, a representatividade é importante para pessoas negras; ter o direito subjetivo de exigir o reconhecimento estatal de nossa identidade é muito relevante; ter garantido o direito de estudar, de trabalhar, de não ser morto pela polícia por ser um "suspeito padrão" é algo pelo que devemos lutar. E são coisas possíveis porque muitos de nossos ancestrais tiveram seu sangue derramado. Mas, ao mesmo tempo, é necessário assumir que as identidades, inclusive a raça, são socialmente construídas e é sobre isso que Haider nos leva a refletir com seu texto tão contundente. Em um sentido revolucionário, a afirmação da raça é feita apenas para que um dia seja possível superá-la.

São Paulo, 26 de maio de 2019

Silvio Luiz de Almeida
Presidente do Instituto Luiz Gama
Professor da Fundação Getúlio Vargas e
da Universidade Presbiteriana Mackenzie
Doutor em Filosofia e Teoria Geral
do Direito pela USP

AGRADECIMENTOS

Primeiro tenho que agradecer a duas pessoas. Chris Connery me encorajou a escrever este livro, foi o primeiro leitor do manuscrito completo e me levou a fazer com que as partes formassem um todo. Ben Mabie é o responsável por dar a essa ideia uma forma concreta devido à sua competência como editor. Ambos foram também importantes interlocutores na formação das ideias que este livro apresenta.

De fato, essas ideias foram elaboradas coletivamente com amigos, companheiros e colegas. Não sei como mencionar todos, mas espero que todos reconheçam minha enorme gratidão. Mencionarei aqui aqueles que discutiram essas questões comigo no alvoroço da prática política, aqueles que me encorajaram a anotar meus pensamentos e me ajudaram a torná-los compreensíveis e aqueles que bravamente leram e comentaram a versão preliminar inteira: Robert Cavooris, Deborah Gould, Erin Gray, Evan Grupsmith, David Lau, Patrick King, Wendell Hassan Marsh, Dave Mesing, G.S. Sahota, Jason Smith, Alberto Toscano, Delio Vasquez, Gavin Walker e Philip Wohlstetter.

Minhas aventuras editoriais começaram numa colaboração intelectual e política com Salar Mohandesi, cuja influência está presente neste livro. Ao longo do caminho colaborei com o coletivo Viewpoint, e todos os seus integrantes foram valorosos leitores, críticos e interlocutores.

Os detalhes históricos do manuscrito foram revisados por Emma Teitelman, Tim Barker e Matt Karp. A revisão e preparação editorial precisa e perspicaz de Sarah Grey deu ao texto um refinamento indispensável. Quaisquer erros que possam ser encontrados são, no entanto, de minha inteira responsabilidade.

Provavelmente não tive uma única ideia na minha vida que não tenha sido formada em algum tipo de diálogo com meu irmão Shuja Haider. Ele se tornou um dos mais proeminentes críticos da política identitária nos dias de hoje; se não o citei neste livro foi simplesmente para evitar que os leitores se confundissem.

Sem o apoio pessoal e constante de Julie McIntyre, eu nunca teria produzido nada. Ela é uma fonte inesgotável de estímulo intelectual e inspiração. Estou aguardando ansiosamente seu primeiro livro.

Dedico este livro a meus pais, Jawaid Haider e Talat Azhar, que me ensinaram a nunca comprometer princípios éticos, mesmo quando eles vão contra as ideias reinantes e incomodam as autoridades.

Nota, 30 de novembro de 2021: Logo após este livro ser publicado, meu pai deixou este mundo. Nos seus últimos dias ele leu *Armadilha da Identidade* e assistiu a todas as falas e entrevistas que fiz sobre o livro. Ele não hesitava em dar suas opiniões sinceras, as quais, embora nem sempre solicitadas, estavam frequentemente corretas. Sou grato por, toda vez que pego *Armadilha da Identidade*, poder visualizar nós dois sentados na minha casa de infância, lendo juntos.

PREFÁCIO DA EDIÇÃO DE 2022

Entre as maiores passagens da história do pensamento político está a sugestão de Spinoza, no final do seu prefácio ao *Tratado Teológico Político* (1670), de que seu livro não deve ser lido. Spinoza também sabia que nem sempre é prudente responder às críticas. A escrita produz *efeitos*, e o argumento apresentado, por mais sólida que seja a sua lógica ou convincente a evidência que apresenta a seu favor, pode se tornar totalmente irrelevante perto dos efeitos do texto. Em última análise, todo autor tem que confrontar a realidade de que esses efeitos – para não mencionar o próprio texto – não estão sob o seu controle. Na verdade, tentar esclarecer o argumento através de debate pode acabar obscurecendo-o ainda mais. Convicções apaixonadas só podem ser combatidas por outras mais fortes, e raramente se conseguirá persuadir apelando teimosamente a uma discussão racional.

Com *Armadilha da Identidade* entrei num campo de conflito apaixonado. Acreditava que, aspirando ao máximo de sutileza e nuance – até mesmo à polidez – eu poderia contornar a polarização entre posições antagônicas.

Fui ingênuo. Esse antagonismo é tão preciso, uma inversão tão elegante e simétrica, que só pode se basear em premissas compartilhadas. Cada posição só pode existir em virtude da outra: elimine o "reducionismo de classe" e pouco restará da "política identitária" e vice-versa. Portanto, do ponto de vista de qualquer um desses polos, nenhuma outra posição é possível senão a do inimigo. Desse modo, o que um cientista político poderia chamar de uma lógica de dependência de trajetória, gera uma cascata de amigos e inimigos cujas posições são determinadas por metáforas e metonímias, equivalências e oposições, as quais recebem uma justificativa teórica apenas retroativamente.

Como resultado, torna-se difícil imaginar qualquer alternativa à ideologia subjacente. Que uma ideologia possa acomodar disputas tão cruéis parece uma ideia estranha, mas na verdade não é tão estranho. Não se trata de duas posições já existentes que entram em conflito, mas de uma divisão que constitui cada lado do conflito, baseada em premissas e pressupostos compartilhados. Aqueles mais afetados por essas disputas não são apenas dependentes uns dos outros para o que poderíamos chamar de suas identidades, mas também são indistinguíveis em seu comportamento, valorizando a denúncia acima de tudo e florescendo em cantos obscuros e anônimos da internet onde as paixões tristes prevalecem.

No entanto, foi difícil para mim aceitar a opinião – por mais generosa que fosse – de que consegui preencher a lacuna e encontrar uma posição "intermediária". Só encontrei o vazio na distância percorrida entre as posições. Mas as posições entre as quais se pede que se escolha podem ser, elas próprias, mistificações. São as premissas e os pressupostos desse circuito ideológico que devem ser interrogados, e as suas histórias, traçadas. São histórias de contingência e contradição, e não de origens e fins; não são processos de declínio e queda, e não nos apresentam a opção de regressar a uma origem não corrompida. Acredito que essas histórias mostram que as posições hoje tomadas como certas nem sempre existiram, e as suas categorias não estão simplesmente contidas na realidade. São construções ideológicas vinculadas a processos materiais que é melhor compreender do que criticar.

Na realidade, a minha posição não era "intermediária", mas sim uma posição diferente que não pertencia à polaridade ideológica. Entretanto, certamente não era uma posição original. Não tenho nenhum crédito por isso. Tentei simplesmente ser fiel ao incontável número de pessoas ao longo da história que acreditaram na erradicação da dominação e da exploração deste planeta – que na combinação quase inexplicável de frieza e compromisso se subordinaram a esse projeto comum e determinaram quais tarefas eram necessárias para alcançá-lo. Não era do seu próprio interesse que advogados e médicos se juntassem ao proletariado e ao campesinato, que os jovens com tudo a perder se voluntariassem para travar guerras no outro lado do mundo, que os líderes políticos com a perspectiva de uma vida de confortável moderação expressassem posições pelas quais os poderes estabelecidos os puniriam sem piedade. Também não era do seu próprio interesse que membros de uma comunidade oprimida, lutando na sua defesa comum contra as indignidades que sofriam, deixassem as suas casas pela manhã prontos para morrer.

Um projeto desse tipo não tem uma existência tangível e isolável – não podemos encontrar o campo de batalha final onde o acerto de contas terá lugar. A luta é longa e desigual: requer conhecimento, uma avaliação da situação e do que ela permite fazer, e a formulação de uma estratégia que lhe seja adequada. Por essa razão, os grandes revolucionários – embora possam ter começado com reivindicações de democracia, libertação nacional, cidadania – convergiram para o projeto de derrubar o capitalismo, que na situação existente era o limite objetivo de todo projeto revolucionário.

A verdade irrefutável dessa afirmação é difícil de explicar, mas pode ser intuída a partir do estudo de cada luta contra a dominação. A explicação de maior prevalência é a teoria, questionavelmente tida como marxismo, que descreve todos os fenômenos sociais como a expressão das relações econômicas que determinam o curso da história. Durante muito tempo, essa teoria – adotada pelas organizações de massas – forneceu uma garantia para a luta política, de uma forma curiosamente paradoxal: a luta política era apenas aquela que concretizaria o que já era historicamente inevitável. Desenraizada das históricas organizações de massas que consolidaram essa visão do mundo, ela fornece agora uma garantia para a intransigência intelectual: contra os apologistas liberais oportunistas que tentam nos distrair da devastação do capitalismo, os intelectuais socialistas podem defender uma teoria abstrata da primazia do econômico.

Confrontados com as obscuridades covardes desses liberais, tais convicções são compreensíveis. Mas elas são difíceis de manter. Uma filosofia da história progressista tem que explicar o que há de bom no progresso histórico: por que as coisas estão melhorando, e também por que deveriam. No quadro ampliado da história humana, tais perspectivas são relativamente novas. Garanto a vocês que ainda hoje não faltam pessoas que esperam que as coisas piorem; há um preço para entrar no reino dos céus.

Alguns dos que estão comprometidos com a validade da doutrina abstrata complementam a teoria da primazia do econômico com as teorias normativas do liberalismo. É como fazer uma lobotomia para curar uma dor de cabeça. Essas teorias estão confinadas a pequenos círculos acadêmicos não porque sejam uma ameaça à ordem estabelecida, mas porque é difícil para qualquer pessoa sem uma extensa formação ideológica acreditar nelas. Elas estão tão afastadas das realidades da vida social – das ideias e motivações cotidianas das pessoas, dos processos pelos quais as mudanças históricas realmente ocorrem – que só conseguem explicar uma estreita gama de fenômenos já estipulados tautologicamente como os únicos importantes. Certamente não fornecem qualquer orientação para a ação política, que, esmagada pelo peso da inevitabilidade histórica e separada da análise concreta, acaba por ser determinada por ajustes ad hoc e alianças confinadas às instituições da ordem vigente.

Que a revolução seja inevitável é falso. Igualmente falsa é a noção de que o seu curso seguirá um padrão predeterminado. Toda grande revolução histórica torna-se inexplicável de acordo com esse modelo linear e monocausal da história. Isso não significa que uma teoria abstrata mais intrincada de causas que se intersectam resolva o problema. Mas sim que a política tem uma contingência irredutível e se baseia na análise concreta da situação concreta. É verdade, não se pode negar, que os grandes revolucionários da história recorreram repetidamente às garantias da doutrina abstrata. No entanto, tiveram sucesso porque foram capazes de compreender as situações em toda a sua singularidade.

Porém, é igualmente verdade que existe uma ressonância inequívoca entre esses diferentes acontecimentos políticos. Contudo, ela não é determinada pela primazia abstrata de qualquer tipo de relação de causalidade. Em situações muito diferentes, com formas de dominação totalmente diferentes – incluindo situações que precedem a emergência do modo de produção capitalista –, as pessoas formulam proposições políticas que ecoam através do tempo e do espaço: que ninguém deveria passar fome, que ninguém deveria ser preso numa jaula, que ninguém deveria ser submetido à tortura e à morte pelos que detêm um poder arbitrário; que tudo deveria ser comum, que todos são iguais, que as pessoas têm capacidade de governar a si mesmas.

Em *Armadilha da Identidade* coloquei uma ênfase enorme em episódios históricos que mostravam um antagonismo entre a auto-organização das massas e a neutralização realizada pela elite. Até certo ponto – mas não totalmente – tratava-se de uma questão de classe. A dinâmica de classe dos movimentos sociais fazia parte da explicação para a neutralização da política de massas e da ideologia que emergiu como sua consequência. No entanto, o que percebi à medida que os debates sobre o livro se desenrolavam, foi que a equiparação da política emancipatória com a classe não é evidente. Mesmo aqueles que acreditam que a história é determinada pelas leis econômicas precisam explicar por que é melhor para uma sociedade não ter classes. Mais uma vez, garanto a vocês que não faltam pessoas que acreditam que é bom existirem classes e que, em geral, também acreditam na primazia do econômico. Que capitalista rejeitaria hoje a visão de que a história é impulsionada pelo desenvolvimento das forças produtivas? Que capitalista negaria hoje que a acumulação de capital depende da exploração dos trabalhadores, contra os quais a classe capitalista trava uma implacável luta de classes?

Enquanto o capitalismo existir, a luta de classes será fundamental para a política emancipatória, e as classes dominantes estarão constantemente empenhadas, de forma prática e ideológica, em neutralizá--la. Mas defender – corretamente – o reavivamento da luta de classes não substitui a investigação da política emancipatória *como tal* e a determinação de como podemos pensar sobre ela. Trata-se de algo que é reconhecido, embora de uma forma que considero totalmente insatisfatória, por aqueles que complementam o socialismo com o liberalismo. O que há de errado com a sociedade de classes, prossegue o argumento, é que as democracias capitalistas violam a liberdade individual que afirmam valorizar, um julgamento que pode ser feito de acordo com alguma concepção da natureza humana, ou talvez o tipo de experimento mental que se pode ver encenado em comédias populares de televisão. Para concretizar verdadeiramente a liberdade individual, a luta de classes deve superar a propriedade privada, preservando simultaneamente os direitos liberais.

A minha concepção de política emancipatória não envolve normas. Poucos estão satisfeitos comigo por isso; alguns insistiriam que eu de fato não acredito nisso. Mas já indiquei minha posição: em todos os casos práticos de política emancipatória, certas proposições estão presentes – mesmo que não sejam compartilhadas por todos os participantes, e mesmo que não sejam consciente ou diretamente articuladas. O caráter emancipatório dessas proposições não se baseia em normas, mas em decisões. Os exemplos de práticas políticas emancipatórias nem sempre são reconhecidos e, na verdade, são na maioria das vezes intencionalmente enterrados. Temos que escolher se afirmamos que existiram.

Em *Armadilha da Identidade* argumentei que os revolucionários eram firmes na sua oposição tanto ao racismo quanto ao capitalismo, como consequência lógica do seu compromisso com a política emancipatória. Ao observar as discussões que emergiram do livro, comecei a pensar que a tarefa teórica mais premente era ir além da oposição entre auto-organização e neutralização, de modo a tentar compreender a própria política emancipatória. O livro que vocês vão ler é uma tentativa de compreender o que impede a realização da prática política emancipatória, do ponto de vista da sua afirmação.

Asad Haider
13 de novembro de 2021

INTRODUÇÃO

Todos nós nascemos em algum lugar, escreveu o filósofo Louis Althusser. Nasci numa pequena cidade na Pensilvânia central, embora fosse difícil entender por quê. Ninguém sabia pronunciar meu nome e em casa falávamos outra língua. Verão sim, verão não, fazíamos as malas e passávamos longas e agonizantes horas em aviões, a fim de ver o resto da nossa família em Karachi[001].

Não tenho certeza se saí dessa experiência com alguma coisa que parecesse uma identidade. De todo modo, pedaços e partes que podem ter constituído minha individualidade parecem estar espalhados por todo o globo. A identidade, paradoxalmente, parecia ser determinada a partir de fora – ou talvez mais que isso: parecia não determinada. Em meio aos garotos brancos na Pensilvânia que perguntavam de onde eu era (não podia ser da Pensilvânia) e os parentes paquistaneses que apontavam meu sotaque americano, parecia que, se eu tinha uma identidade, ninguém possuía realmente capacidade de reconhecê-la.

Mas acho que tive uma experiência diferente com minha identidade em setembro de 2001. Naquele dia cheguei à escola e soube que o país tinha sido atacado.

---

001 A cidade mais populosa do Paquistão (Nota da Edição).

Pelo resto do dia assistimos a aviões colidindo com o World Trade Center, ininterruptamente. Tive dificuldade em analisar as reações de meus colegas de turma. Eles, é claro, estavam horrorizados, bravos, devastados. Eu estava perplexo.

Não era incomum ver reportagens na TV de incidentes terroristas, ações militares e mesmo golpes no Paquistão. Lembro-me de um jornalista dizendo solenemente que Karachi era "a cidade mais violenta do mundo". Nos verões da minha infância lá, via as ruas cheias de crianças como eu, mas que estavam sem teto, passando fome, fracas demais para fazer as moscas saírem dos seus corpos. Alguma coisa na geometria política estava fora de alinhamento, e a visão a partir da Pensilvânia parecia limitada demais. Quando Bill Clinton ordenou um ataque de mísseis à fábrica farmacêutica Al-Shifa no Sudão[002], minha professora da sexta série nos fez sentar e escrever um parágrafo explicando por que tal atitude foi necessária. Mas eu sabia que do outro lado da tela da televisão havia uma massa de seres humanos que viam as coisas de forma diferente.

O colapso das torres gêmeas, ao qual assistimos incrédulos, também reverberou na minha experiência cotidiana. Até então tinha me acostumado a conviver com uma cultura de tolerância prepotente e excludente. Mas o evento fez vir à tona a hostilidade franca e

---

[002] A alegação dos Estados Unidos para justificar o ataque foi que a fábrica no Sudão produzia armas químicas para a al-Qaeda. O governo sudanês protestou, exigiu na ONU que uma comissão da entidade investigasse as ruínas da fábrica para apurar se havia lá indícios da fabricação de armas. Mas os Estados Unidos impediram a formação de qualquer comissão de inquérito. Alguns integrantes do governo norte-americano acabaram admitindo que a decisão de atacar fora precipitada, mas nunca houve um pedido formal de desculpas por parte dos Estados Unidos. O governo sudanês avaliou na época que a Al-Shifa produzia 50% dos medicamentos do país. O ataque aconteceu no mesmo momento em que estourava um escândalo sexual envolvendo Clinton e Monica Lewinsky, uma estagiária da Casa Branca. (N. E.)

aberta. Eu era chamado de "Osama" pelos meus colegas de turma, enquanto a professora assistia com indiferença ou concordância. Fui tomado por um medo inesperado em uma sorveteria, quando um homem branco e velho de aparência amigável subitamente fez uma careta ao ver minha família e começou a vociferar em nossa direção sobre "terroristas do Iraque", enquanto nos dirigíamos a uma mesa empunhando ameaçadoras casquinhas de sorvete.

Minha identidade se tornou uma questão de segurança nacional. Mas como eu poderia responder a esse cenário? Deveria afirmar orgulhosamente uma identidade paquistanesa fixa, uma que nunca pareceu se ajustar direito, que pertencia a um lugar do outro lado do mundo? Ou deveria assimilar o mundo de branquidade à minha volta, mesmo que ele fosse racista e provinciano e nunca tivesse realmente me acolhido?

Se havia uma resposta a essas perguntas, ela não foi fornecida na escola. Portanto, ao lado de minhas outras leituras – mais marcadamente o *Manifesto Comunista* e *Trópico de Câncer* – comecei a estudar a questão da identidade. Entre o "Trabalhadores do mundo, uni-vos!" de Marx e Engels, e o nomadismo de Henry Miller – no qual, como Gilles Deleuze afirmou, "tudo é partida, mudança, passagem, salto, *daemon*, relação com o exterior" –, eu estava convencido da impossibilidade de estabelecer um território fixo.[1]

Na sexta série fiz um projeto de ciência sobre as três Leis de Newton. Próximo a Isaac Newton, na seção de biografia da biblioteca pública, estava "Newton, Huey P.". Era um livro que chamava atenção pela capa e com um título desorientador: *Revolutionary Suicide*[003].

---

003 A tradução do título seria "Suicídio Revolucionário". Trata-se de uma autobiografia inédita em português (Nota do Tradutor).

Acabei me identificando com sua história. Neste mesmo país, neste mundo branco e alienante, havia outros que viveram uma experiência de exclusão bem pior do que qualquer coisa que eu tinha vivenciado. Li com horror o relato de Newton[004] sobre o isolamento na solitária da prisão, mas fiquei sensibilizado pelo seu comprometimento em aprender a ler, debruçando-se repetidas vezes na leitura de *A República,* de Platão. Ele uniu seu crescimento intelectual à prática política como fundador do Partido dos Panteras Negras, e isso serviu para mim como um modelo de vida mental que era bem mais convincente que o hedonismo boêmio de Henry Miller ou o alpinismo social egoísta esperado dos membros de uma "minoria modelo".

Mas o que mais importava para mim era que Newton não parou na sua própria identidade. Sua experiência o levou além de si mesmo, assumindo uma política baseada na solidariedade com Cuba, China, Palestina e Vietnã. Seu exemplo corroborou o *Manifesto Comunista*: a vasta pobreza que testemunhei no Paquistão e a longa história de opressão racial que ecoava nos dias de hoje na Pensilvânia andam de mãos dadas. Qualquer solução teria que confrontar ambas. As percepções desse brilhante pensador, Karl Marx, não pertenciam à Europa. Pertenciam ao mundo todo, a todos que lutavam contra a injustiça. Elas foram refinadas e desenvolvidas na Ásia, África e América Latina. Mesmo aqui, no coração da besta, em meio à acidez e à bílis do patriotismo e do evangelicalismo, os negros americanos mostraram que esse legado não podia ser circunscrito geograficamente.

Li a *Autobiografia de Malcolm X* mais tarde e me aproximei dela com maior ambivalência, cético como

---

004 Huey Percy Newton (1942-1989) foi um dos fundadores e principais líderes dos Panteras Negras. (N. E)

me tornei quanto a todas as formas de religião. Mesmo diante da discriminação antimuçulmana, parte dela direcionada especificamente a mim, nunca fiquei tentado a defender o Islã. Odiava os fanáticos religiosos que nos deixaram nessa bagunça. Odiava a cultura toda de irracionalismo, mitologia e repressão sexual. Mas de qualquer forma isso era parte de mim, em palavras, sons, música, arquitetura, e isso trouxe Malcolm mais para perto do mundo que eu conhecia. O Islã, para ele, serviu como um caminho para além do fanatismo. Levou-o a ultrapassar a fixação na sua própria identidade em direção a uma solidariedade com o mundo todo. Como ele disse na Universidade de Oxford em 1964: "Eu, por mim, me unirei com qualquer um, não me importa de qual cor seja, uma vez que queira mudar essa situação miserável que existe neste planeta". Contra a ascensão de um sentimento antimuçulmano, presente até mesmo em supostos esquerdistas que protestam contra um "Islamo-fascismo", esse era o tipo de muçulmano com quem eu ficaria orgulhoso que me associassem.

Mas não havia solução real para o duplo vínculo que os muçulmanos e os brancos estabeleceram comigo. Era possível responder aos ataques contra muçulmanos sem assumir a ideologia conservadora e reacionária do Islã? Por outro lado, era possível criticar o dano causado pelo fundamentalismo islâmico sem fazer o jogo dos racistas brancos?

O trabalho de Hanif Kureishi foi uma revelação. Kureishi é um escritor e cineasta britânico-paquistanês que ousou ficar do lado das subculturas boêmias que surgiram do punk londrino. Seu filme *Meu Filho, o Fanático*, baseado em seu conto homônimo, tratou essas questões de um modo que eu nunca havia visto na cultura americana. Um jovem garoto britânico-paquistanês chamado Farid se cansa de estudar para ser contador e termina o relacionamento com sua noiva branca, cujos pais ingleses e tradicionalistas mal o toleravam. Súbita e inesperadamente ele se torna um fundamentalista muçulmano – para grande surpresa de seu pai, Parvez, um motorista de táxi que está muito mais interessado em escutar Louis Armstrong que o profeta Maomé. Farid convence seu pai a permitir que um mulá de Lahore[005] fique como hóspede na casa deles. O mulá passa a manhã assistindo a desenhos animados ocidentais e acaba pedindo a Parvez que o ajude a conseguir um visto para viver na civilização ocidental que ele condena tão avidamente.

A descoberta de que havia outros (até mesmo paquistaneses, embora majoritariamente alocados na Inglaterra) se sentindo tão à deriva quanto eu foi tanto um choque quanto um alívio. Numa introdução ao roteiro de *Meu Filho, o Fanático*, Kureishi aponta o duplo vínculo que vivemos:

> O fundamentalismo fornece segurança. Para o fundamentalista, como para todos os reacionários, tudo já está decidido. A verdade foi assentada e nada deve mudar. Para liberais serenos, por outro lado, os consolos do conhecimento parecem menos satisfatórios do que os prazeres da dúvida e da vontade de descobrir por si mesmo. Mas o sentimento de que não se pode saber tudo, de que sempre haverá perguntas enlouquecedoras e vívidas sobre quem se é e como é possível conviver com outras pessoas que não o aceitam, pode ser devastador. Talvez seja somente até aí que se possa viver com esse tipo de dúvida. Os racionalistas sempre subestimaram a necessidade das pessoas em crer. Os valores iluministas – racionalismo,

[005] Segunda maior cidade do Paquistão, depois de Karachi. (N. E.)

tolerância, ceticismo – não o fazem suportar uma noite terrível, não fornecem o conforto espiritual, a comunidade ou a solidariedade.[2]

Os valores iluministas são em geral algo bom, e aqueles de nós que leem muitos livros com frequência têm esperança de que podemos mudar o mundo com eles. Não fui exceção. Li Noam Chomsky obsessivamente, armando-me com fatos e princípios e mergulhando de cabeça no movimento contra a Guerra do Iraque. Movimento esse que cresceu rapidamente nas redondezas do campus universitário quando estava no segundo ano do ensino médio. Esse racionalismo político ofereceu certo tipo de conforto. Ele confirmou que não precisava me apoiar na minha identidade para argumentar que a solução para a violência e o sofrimento que nos alcança nos noticiários era o fim do imperialismo americano e, portanto, do capitalismo global.

Ao longo dos anos, porém, aprendi que esse racionalismo pode fracassar terrivelmente. Como Kureishi observa, é devastador viver com perguntas sobre quem você é. Também é devastador enfrentar o mundo no qual tanta coisa é errada e injusta. Para opor-se a essa injustiça, o projeto de emancipação universal, de uma solidariedade revolucionária global, só pode ser realizado através de organização e ação. Acredito que é possível alcançar isso, levar adiante a luta daqueles que vieram antes. Mas a ideologia dominante trabalha intensamente para nos convencer de que não há alternativa. Nessa realidade rasa e sem esperança, alguns escolhem os consolos do fundamentalismo. Mas outros escolhem os consolos da identidade.

1.
A POLÍTICA IDENTITÁRIA

Em 1977, a expressão *política identitária* na sua forma contemporânea foi introduzida no discurso político pelo Coletivo Combahee River (CCR), um grupo de militantes negras e lésbicas formado em Boston três anos antes. No influente texto coletivo "A Black Feminist Statement", suas fundadoras Barbara Smith, Beverly Smith e Demita Frazier argumentavam que o projeto de socialismo revolucionário havia sido minado pelo racismo e sexismo na esquerda. Escreveram:

> Somos socialistas porque acreditamos que o trabalho deve ser organizado para o bem coletivo daqueles que fazem o trabalho e criam os produtos, e não para o lucro dos patrões. Os recursos materiais devem ser igualmente distribuídos entre aqueles que criam esses recursos. Porém não estamos convencidas de que uma revolução socialista

que não seja também uma revolução feminista e antirracista garantirá nossa libertação.

A declaração demonstrava brilhantemente que "os grandes sistemas de opressão estão interligados" e proclamava a necessidade de articular "a situação real de classe de pessoas que não são meramente trabalhadores sem raça e sem sexo"[1]. Mulheres negras, cuja posição social específica era negligenciada tanto pelo movimento negro quanto pelo movimento feminista, poderiam desafiar esse tipo de reducionismo de classe vazio simplesmente afirmando sua própria política autônoma. Como forma de conceituar esse importante aspecto da sua prática política, o CCR apresentou a hipótese de que a política mais radical surgiu ao colocarem suas próprias experiências no centro da sua análise e ao enraizarem sua política nas suas próprias identidades particulares:

> Esse foco em nossa própria opressão está incorporado ao conceito de política identitária. Acreditamos que a política mais profunda e potencialmente mais radical vem diretamente da nossa própria identidade, em vez de agir para acabar com a opressão exercida pelo outro.[2]

Porém, isso não significa, para o CCR, que a política deveria ser reduzida às identidades específicas dos indivíduos envolvidos nela. Como Barbara Smith refletiu recentemente:

> O que estávamos dizendo é que temos direito como pessoas que não são apenas mulheres, que não são unicamente negras, que não são apenas lésbicas, que não são apenas da classe trabalhadora, ou trabalhadoras – que somos pessoas que incorporam todas essas identidades e que temos direito de construir e definir a teoria e prática políticas baseadas nessa realidade... Isso é o que quisemos

dizer com política identitária. Não estávamos dizendo que não ligávamos para ninguém que não fosse exatamente como nós.³

Na verdade, o CCR demonstrou essa perspectiva na sua prática política real. Demita Frazier relembra a ênfase que a organização colocava nas alianças:

> Nunca acreditei que o Combahee, ou outros grupos feministas negros de que participei, deveria focar apenas questões que diziam respeito a nós, mulheres negras. Ou que, como mulheres lésbicas/bissexuais, devêssemos focar apenas questões que diziam respeito a lésbicas. É de fato importante notar que o Combahee foi fundamental na fundação de um abrigo local para mulheres vítimas de violência. Trabalhamos em aliança com ativistas comunitários, mulheres e homens, lésbicas e pessoas heterossexuais. Éramos muito ativas no movimento por direitos reprodutivos, apesar de, naquele tempo, a maioria de nós ser lésbica. Formamos aliança com o movimento dos trabalhadores porque acreditávamos na importância de apoiar outros grupos, mesmo se as pessoas naquele grupo não fossem todas feministas. Entendíamos que a construção de alianças era crucial para a nossa própria sobrevivência.⁴

Para o CCR, a prática política feminista significava, por exemplo, participar dos piquetes durante greves na construção civil durante os anos 1970. Mas a história que se seguiu pareceu virar tudo de pernas para o alto. Como Salar Mohandesi escreveu: "O que começou como uma promessa de superar algumas limitações do socialismo, de modo a construir uma política socialista mais rica, mais diversa e inclusiva", terminou "sendo aproveitado por aqueles com uma política diametralmente oposta àquelas do CCR"[5]. O exemplo mais recente e mais marcante foi a campanha presidencial de Hillary Clinton, a qual adotou a linguagem da "interseccionalidade" e do "privilégio" e usou a política identitária para combater o surgimento de uma opção de esquerda no Partido Democrata, em torno de Bernie Sanders. Os apoiadores de Sanders foram condenados como "manos do Bernie", apesar de haver amplo apoio entre as mulheres. Eles foram acusados de negligenciar as preocupações dos negros, apesar do efeito devastador para muitos negros americanos do comprometimento da corrente dominante do Partido Democrata com as políticas neoliberais. Como Michelle Alexander escreveu no *The Nation*, o legado da família Clinton foi uma capitulação dos Democratas "à reação da direita contra o movimento pelos direitos civis" e à "agenda de Ronald Reagan sobre raça, criminalidade, proteção social e impostos". O liberalismo dos Clinton terminou "no fim das contas fazendo mais mal às comunidades negras do que Reagan fez"[6].

A diretora de comunicação da campanha de Clinton, Jennifer Palmieri, comentou durante uma entrevista na MSNBC os protestos anti-Trump que se seguiram à posse: "Você está errado ao olhar para essas multidões e achar que significa que todos querem quinze dólares por hora[006]. Não pense que a resposta a grandes multidões é se mover para a esquerda... Tudo gira agora em torno da identidade ao nosso lado".

Para ser justo, Palmieri não é a única culpada por esse erro de julgamento. De fato, ela estava apenas expressando um princípio clássico e inevitável do liberalismo. Judith Butler explicou que "identidades são formadas dentro das formações políticas contemporâneas em relação a certos requisitos do Estado liberal". No discurso político liberal, as relações de poder são reduzidas à lei, mas, como Michel Foucault mostrou, elas são na verdade produzidas e exercitadas em uma gama de práticas sociais: a divisão do trabalho na fábrica, a organização espacial da sala

---

006 Referência à luta dos trabalhadores por esse valor do salário-mínimo nos Estados Unidos. (N. T.)

de aula e, é claro, os procedimentos disciplinares da prisão. Nessas instituições, coletividades de pessoas são separadas em indivíduos que são subordinados a um poder dominante. Mas essa "individualização" também os constitui como sujeito políticos – a unidade política básica do liberalismo, afinal, é o indivíduo. Nesse quadro, Butler argumenta que "a afirmação de direitos e a reivindicação de benefícios só podem ser feitas com base numa identidade singular lesada"[7].

Butler aponta que a palavra *sujeito* tem um duplo sentido peculiar: ela significa ter capacidade de ação, ser capaz de exercer poder, mas também ser subordinado, sob controle de um poder externo. A política no liberalismo se caracteriza por nos tornarmos *sujeitos* que participam na política através da *sujeição* ao poder. Portanto Butler sugere que "o que chamamos de política identitária é produzida por um Estado que só pode dar reconhecimento e direitos a sujeitos totalizados pela particularidade que constitui seu status de demandante". Se podemos reclamar que somos de algum modo lesados com base em nossa identidade, como se apresentássemos uma queixa num tribunal, podemos demandar reconhecimento do Estado com base nisso. E, uma vez que são a condição da política liberal, as identidades se tornam cada vez mais totalizantes e reducionistas. Nossa capacidade de ação política através da identidade é exatamente o que nos prende ao Estado, o que assegura nossa contínua sujeição. Então, como Butler afirma, a tarefa urgente é propor formas de "recusar o tipo de individualidade correspondente ao aparato disciplinar do Estado moderno"[8].

Mas não poderemos alcançar isso se considerarmos como dadas essas formas de individualidade – se as aceitarmos como o ponto de partida da nossa análise e da nossa política. "Identidade" é um fenômeno real: ela corresponde ao modo como o Estado nos divide em indivíduos, e ao modo como formamos nossa individualidade em resposta a uma ampla gama de relações sociais. Ela é, no entanto, uma abstração. Uma abstração que não nos diz nada sobre as relações sociais específicas que a constituíram. Um método materialista de pesquisa deve ir do abstrato ao concreto.

Ele deve trazer essa abstração de volta à Terra, passando por todas as especificidades históricas e relações materiais que a colocaram em nossas cabeças.

De modo a fazer isso, devemos rejeitar a "identidade" como base para pensar a política identitária. Por essa razão, não aceito a divina trindade "raça, gênero e classe" como categorias identitárias. Essa ideia de Espírito Santo da Identidade, que ganha três formas divinas consubstanciais, não tem lugar na análise materialista. Raça, gênero e classe nomeiam relações sociais inteiramente diferentes, e elas em si são abstrações que precisam ser explicadas em termos de histórias materiais específicas.

Exatamente por essa razão este livro é totalmente focado na raça. Em parte porque minha própria experiência pessoal me forçou a pensar a raça para além da fácil abstração teológica da identidade. Mas também porque as hipóteses apresentadas aqui são baseadas em pesquisa sobre história racial, do racismo e dos movimentos antirracistas. É claro que estudar qualquer história concreta requer lidar com todas as relações constitutivas dela e, portanto, encontrar os efeitos das relações de gênero e de movimentos contra as opressões relacionadas ao gênero. Mas não pretendo oferecer uma análise abrangente do gênero. Para tanto seria necessário um caminho de pesquisa diverso, e tratar o gênero simplesmente como uma questão subsidiária da raça seria totalmente inaceitável. Já existem muitos trabalhos nesse sentido para quem quiser. *Problemas de gênero*, de Judith Butler, é uma das críticas mais prescientes e profundas da política identitária na forma existente no discurso específico da teoria feminista. Nas próprias palavras de Butler, sua crítica "questiona o quadro fundacionalista[007] no qual o feminismo como política identitária tem se articulado. O paradoxo interno desse fundacionalismo é que ele presume, fixa e aprisiona o próprio 'sujeito' que ele espera representar e libertar"[9]. Mas aqui eu foco na raça. Fixarei

---

007 O fundacionalismo é o nome dado à construção do conhecimento a partir de crenças básicas ou fundamentos considerados certos ou seguros. (N. T.)

o olhar principalmente na história dos movimentos negros. Não apenas porque acredito que esses movimentos moldaram profundamente os parâmetros políticos do nosso momento histórico atual, mas porque pessoas que ganharam visibilidade através desses movimentos estão no topo da reflexão sobre o conceito de raça. Há também a questão do meu contato pessoal com a teoria revolucionária negra, que me expôs primeiramente às críticas de Malcolm X e Huey Newton aos precursores da política identitária. Seguindo suas práticas, defino a política identitária como a *neutralização* de movimentos contra a opressão racial. É a ideologia que surgiu para apropriar esse legado emancipatório e colocá-lo a serviço do avanço das elites políticas e econômicas. De modo a teorizá-la e criticá-la, é necessário usar o quadro de referência da luta revolucionária negra, incluindo o próprio Coletivo Combahee River. Esses movimentos não deveriam ser considerados desvios de um universal, mas, sim, a base para desestabilizar a categoria de identidade e criticar as formas contemporâneas de política identitária – um fenômeno cuja forma histórica específica a luta revolucionária negra não poderia ter previsto ou antecipado, mas cujos precursores ela identificou e a eles se opôs.

A análise de Malcolm foi interrompida em 1965 quando ele foi assassinado pelos nacionalistas culturais da Nação do Islã. Ele havia rompido com eles após se ligar a movimentos revolucionários anticoloniais na África e na Ásia, mencionados constantemente em seus discursos. Malcolm havia aprofundado sua análise estrutural da supremacia branca e do sistema econômico no qual ela se assentava. Como Ferruccio Gambino mostrou, não é uma surpresa quando se olha para a vida de Malcolm como trabalhador – como porteiro na Pullman e operário na fábrica da Ford em Wayne (Michigan), onde ele se defrontou com a tensão entre o antagonismo operário em relação ao empregador e os freios impostos pelas burocracias sindicais[10]. "É impossível para um branco acreditar no capitalismo e não acreditar no racismo", Malcolm disse numa discussão em 1964. "Não se pode ter capitalismo sem racismo. E, se você conversa com uma pessoa que expressa uma filosofia que faz você ter certeza de que ela não tem esse racismo no pensamento, normalmente se trata de um socialista ou de alguém que tem o socialismo como ideologia política."[11]

O Partido dos Panteras Negras levou adiante a crescente prática de solidariedade revolucionária de Malcolm, assim como sua crítica ao nacionalismo cultural da Nação do Islã, o qual eles chamavam de "nacionalismo de costela de porco"[008]. Huey Newton argumentou numa entrevista em 1968 que os nacionalistas de costela de porco "se preocupavam em retornar à antiga cultura africana e assim reconquistar sua identidade e liberdade", mas no final das contas apagavam as contradições políticas e econômicas dentro da comunidade negra. O resultado inevitável do nacionalismo de costela de porco era uma figura como "Papa Doc" Duvalier, que usava a identidade racial e cultural como apoio ideológico à sua ditadura brutalmente repressora e corrupta no Haiti. Newton argumentava que era necessário traçar uma "linha de demarcação" entre esse tipo de nacionalismo e o tipo que os Panteras defendiam:

> Há dois tipos de nacionalismo: o nacionalismo revolucionário e o nacionalismo reacionário. O nacionalismo revolucionário depende primeiro da revolução popular, tendo como objetivo final o povo no poder. Portanto, para ser um nacionalista revolucionário é necessário ser um socialista. Um nacionalista reacionário não é um socialista, e o seu objetivo final é a opressão do povo.[12]

Kathleen Cleaver, outra liderança do Partido dos Panteras Negras, expôs como o nacionalismo revolucionário dos

---

008 No original, *pork-chop nationalism*. Era uma forma depreciativa de nomear esse nacionalismo de viés culturalista e ao mesmo tempo explicitar a crítica a ele. A costela de porco era vista na época como uma comida típica de afro-americanos, uma espécie de estereótipo culinário. Essa nomeação buscava apontar que esse nacionalismo reafirmava signos e estereótipos do que seria a identidade negra nos Estados Unidos. (N. T.)

Panteras os levou a compreender a luta revolucionária como uma luta especificamente inter-racial:

> Num mundo de polarização racista, buscávamos a solidariedade... Organizamos a Coalizão Arco-Íris, juntamos nossos aliados, incluindo não apenas o Puerto Rican Young Lords, a gangue de jovens chamada Black P. Stone Rangers, o Chicano Brown Berets e o asiático I Wor Kuen (Guardas Vermelhos), mas também o preponderantemente branco Partido Paz e Liberdade e o Partido Jovens Patriotas de Appalachia. Colocamos não apenas uma contestação teórica, mas uma contestação prática ao modo que nosso mundo é organizado. E éramos homens e mulheres trabalhando juntos.[13]

Trata-se de uma conclusão óbvia quando se entende o socialismo do modo que Huey Newton entendia: como "o povo no poder". Ele não pode ser reduzido à redistribuição de riqueza ou à defesa do Estado de bem-estar social – socialismo é definido em termos do poder político do povo. Portanto, não apenas o socialismo é um componente indispensável da luta dos negros contra a supremacia branca, mas a luta anticapitalista deve incorporar a luta pela autodeterminação dos negros. Qualquer dúvida em relação a isso, Newton apontava, poderia ser dissipada estudando a história americana e vendo que as duas estruturas eram inextricavelmente ligadas:

> O Partido dos Panteras Negras é um grupo nacionalista revolucionário e enxergamos uma grande contradição entre o capitalismo neste país e nossos interesses. Percebemos que este país se tornou muito rico através da escravidão e que a escravidão é o capitalismo ao extremo. Temos dois males a combater: o capitalismo e o racismo. Devemos destruir tanto o racismo quanto o capitalismo.[14]

Porém, isso não foi uma novidade trazida pelos Panteras Negras. Ao longo da minha infância e adolescência, o movimento pelos direitos civis se tornou palatável para o grande público, e acabei buscando o legado aparentemente mais militante do Black Power. Graças ao trabalho de acadêmicos e ativistas que preservaram a memória do conteúdo revolucionário do movimento pelos direitos civis, está ficando evidente que o reconhecimento de uma identidade lesada não pode descrever o alcance e as aspirações desse movimento. Nikhil Pal Singh escreve no seu importante livro *Black Is a Country* que a narrativa reinante sobre o movimento pelos direitos civis "falha em reconhecer a profundidade histórica e a heterogeneidade das lutas dos negros contra o racismo, estreitando o alcance político da capacidade de ação dos negros e reforçando uma visão formal e legalista da igualdade dos negros"[15].

Como a historiadora Jacquelyn Dowd Hall aponta na sua análise do "longo movimento pelos direitos civis", Martin Luther King Jr. se tornou um símbolo vazio, "congelado em 1963". Hall observa que, através de citações seletivas, a retórica edificante do discurso de King foi despida de seu conteúdo: sua oposição à guerra do Vietnã, através de uma análise ligando a segregação ao imperialismo; seu comprometimento socialista democrático com a sindicalização; seu papel na organização da Poor People's Campaign; e seu apoio à greve dos garis quando foi assassinado em Memphis[16].

Quando saímos da narrativa dominante, enganosa e redutora, torna-se claro que o movimento pelos direitos civis era na verdade o equivalente mais próximo nos Estados Unidos dos movimentos operários de massa na Europa pós-guerra. Esses movimentos europeus estruturaram o projeto revolucionário e o desenvolvimento da teoria marxista[17]. Mas o desenvolvimento desse tipo de movimento foi bloqueado nos Estados Unidos. E, como veremos, muitos militantes chegaram à conclusão de que o obstáculo fundamental ao seu desenvolvimento era a supremacia branca.

Contudo, o que torna um movimento anticapitalista não é necessariamente o tema de mobilização. O mais importante é saber se ele é capaz de atrair um amplo espectro de massas e de possibilitar sua auto-organização, buscando construir uma sociedade na qual as pessoas se governam e controlam suas próprias vidas. Possibilidade essa que é fundamentalmente impedida pelo capitalismo. Portanto, a luta pela liberdade dos negros foi a que mais se aproximou de um movimento socialista nos Estados Unidos. Como C.L.R. James, intelectual e militante nascido em Trinidad e Tobago, apontou, os movimentos pela autodeterminação dos negros eram "lutas de independência" que representavam a automobilização e auto-organização das massas, estando assim na vanguarda de qualquer projeto socialista[18]. O militante operário James Boggs levou esse argumento ainda mais longe em seu artigo "The American Revolution":

> **Nessa altura da história americana, quando o movimento dos trabalhadores está em declínio, o movimento negro está em ascensão. O fato é que, desde 1955, o desenvolvimento e o dinamismo da luta dos negros têm feito deles a força revolucionária que domina a cena americana... O objetivo de uma sociedade sem classes é exatamente o que esteve e que está hoje no coração da luta dos negros. São os negros que representam a luta revolucionária por uma sociedade sem classes.**[19]

Havia também conexões diretas com uma história especificamente anticapitalista, já que nos anos 1930 o Partido Comunista (PC) formou muito dos organizadores e estabeleceu muitas das redes organizativas que se tornaram parte do movimento pelos direitos civis. Como Robin D.G. Kelley apontou em *Hammer and Hoe*, sua grande obra sobre a história da atividade antirracista do Partido Comunista dos Estados Unidos, o PC ajudou a construir "a infraestrutura que [...] se tornou o Movimento pelos Direitos Civis no Alabama"²⁰. Rosa Parks, por exemplo, se envolveu com política a partir da defesa organizada pelos comunistas aos "Scottsboro Boys", nome pelo qual ficaram conhecidos os nove adolescentes negros injustamente acusados no Alabama de estuprar duas mulheres brancas, tendo sido condenados por um júri formado só por brancos. Nos anos 1940, a aliança entre radicais negros e líderes sindicais, incluindo figuras que tiveram papel destacado nos anos 1960, como A. Philip Randolph, formaram um "sindicalismo de direitos civis". Jacquelyn Dowd Hall aponta que suas ações eram baseadas no "pressuposto de que desde a fundação da república o racismo está ligado à exploração econômica". Em resposta, os sindicalistas de direitos civis defenderam um programa político no qual "a proteção contra a discriminação" foi associada a "políticas universais de bem-estar social". Suas demandas incluíam não apenas a democracia no local de trabalho, acordos salariais coletivos, emprego pleno e justo, mas também moradia de valor acessível, direitos políticos, igualdade educacional e serviço de saúde universal[21].

Essa foi a primeira fase do movimento pelos direitos civis. À medida que o movimento entrou no seu período "clássico" mais famoso, ele acabou respondendo às mudanças de conjuntura e enfrentando limites estratégicos e organizacionais. A opressão racial estava vinculada não apenas à segregação legal, mas também à organização do espaço urbano, a hierarquias de representação política, à violência do aparato repressivo estatal e à exclusão e marginalização econômica[22]. As vitórias extraordinárias das mobilizações pelos direitos civis nas décadas de 1950 e 1960, o Civil Rights Act de 1964[009] e o Voting Rights Act de 1965[010], no entanto, não mudaram essas estruturas fundamentais. Após 1965, mobilizações de massa teriam que incorporar diferentes estratégias e diferentes demandas, e as linguagens do Black Power e do nacionalismo negro responderam a essa necessidade.

---

009 Que tornou ilegal a segregação racial nos Estados Unidos. (N.E.)
010 Lei para acabar com diversos subterfúgios que tolhiam o direito de voto de negros e outras minorias. (N.E.)

As primeiras lutas sempre foram complexas e variadas, indo além das manifestações não violentas do Sul, que são célebres hoje em dia. A resistência armada teve um papel vital para que fosse possível o uso de táticas não violentas. E os movimentos no Norte ocorriam em paralelo aos seus equivalentes abaixo da linha Mason-Dixon[011]. Mas organizações como a NAACP[012], liderada pelas elites da comunidade negra, tentaram se distanciar das possibilidades revolucionárias da luta, transferindo fundos e recursos para longe das questões econômicas e em direção à batalha contra a segregação legal do Sul. Com o passar do tempo isso se tornou um limite significativo no âmbito da mobilização de massa.

Mas, ao longo da década de 1960, o epicentro da luta começou a se deslocar para as revoltas urbanas nas cidades do Norte do país. Essas revoltas transbordavam com força para fora dessa contenção burocrática. O movimento estava procurando novas formas de auto-organização que pudessem superar os obstáculos que o Civil Rights Act e o Voting Rights Act foram incapazes de dar conta. Para tanto, o nacionalismo negro fornecia uma abordagem promissora. O nacionalismo implicava uma perspectiva política: ativistas negros se organizando em vez de seguirem a liderança de organizações de brancos, construindo novas instituições em vez de buscarem entrar na sociedade branca.

A contradição das mobilizações nacionalistas, porém, veio na forma daquilo que Huey Newton descreveu como "nacionalismo reacionário", representado por grupos como a US Organization, de Ron Karenga, com a qual os Panteras iriam mais tarde entrar em conflito virulento. Como Newton apontou, o nacionalismo reacionário apresentou uma ideologia de identidade racial, mas era baseado também em um fenômeno material. A desagregação tornou possí-

---

011 Linha que faz parte das fronteiras da Pensilvânia, Virgínia Ocidental, Maryland e Delaware e que é usada como uma fronteira cultural imaginária que separa o Norte do Sul dos Estados Unidos. (N. T.)

012 National Association for the Advancement of Colored People, criada em 1909. Em português: Associação Nacional para o Progresso de Pessoas de Cor. (N. T.)

vel a empresários e políticos negros entrarem na estrutura de poder americana numa escala que não havia sido possível anteriormente. E essas elites foram capazes de usar a solidariedade racial como meio de encobrir suas posições de classe. Se eles dissessem representar uma comunidade racial unitária com um interesse unificado, poderiam suprimir as demandas dos trabalhadores negros, cujos interesses eram, na realidade, totalmente diferentes dos deles.

Portanto, o partido dos Panteras Negras teve que navegar entre duas preocupações. Eles reconheciam que os negros foram oprimidos numa base especificamente racial e que, portanto, tinham que se organizar de forma autônoma. Mas, ao mesmo tempo, falar de racismo sem falar de capitalismo é esconder o que é necessário para que o povo tenha de fato o poder em suas mãos. Apenas cria uma situação em que o policial branco é substituído pelo policial negro. Para os Panteras isso não era uma libertação.

Mas essa era claramente a situação em que estávamos nos metendo nos Estados Unidos, enquanto liberais otimistas celebravam a substituição de movimentos de massa, distúrbios e células armadas por um plácido multiculturalismo. Ao longo de várias décadas, o legado dos movimentos antirracistas foi canalizado para o progresso de indivíduos como Barack Obama e Bill Cosby, que iriam liderar o ataque contra movimentos sociais e comunidades marginalizadas. Keeanga-Yamahtta Taylor chama a atenção para esse fenômeno em *From #BlackLivesMatter to Black Liberation*: "A transformação mais significativa na vida dos negros nos últimos cinquenta anos foi o surgimento de uma elite negra, fortalecida pela classe política negra, que tem sido responsável por administrar cortes e impor orçamentos escassos nas costas dos eleitores negros"[23].

É claro que a existência de elites na comunidade negra, em si, não era algo novo. Apesar de suas diferenças, tanto o empreendedorismo de Booker T. Washington[013] quanto o "Talented Tenth" de

---

[013] Booker Taliaferro Washington (1856-1915), educador e influente líder do movimento negro dos Estados Unidos até o início do século XX, defendia que os negros deveriam conquistar seu lugar na sociedade americana pacificamente, pelo exemplo, aprimorando sua própria

W.E.B Du Bois[014] foram investidas iniciais no potencial político da elite negra. Porém, como Taylor conta, a história subsequente da política americana e da evolução da luta por liberdade dos negros mudou o papel estrutural da elite negra. Como ela aponta em uma análise do assassinato de Freddie Gray e da revolta que se seguiu em Baltimore, rompemos de um modo fundamental com o contexto que produziu o vocabulário clássico da luta antirracista:

> Sempre houve diferenças de classe entre os afro--americanos, mas essa é a primeira vez que essas diferenças de classe se expressam na forma de uma minoria de negros que possuem autoridade e poder político significativos sobre a maioria dos negros. Isso levanta questões cruciais sobre o papel da elite negra na contínua luta pela liberdade – e sobre em qual lado ela está. Não se trata de um exagero. Quando uma prefeita negra, governando uma cidade em grande parte negra, apoia a mobilização de uma unidade militar liderada por uma mulher negra para suprimir uma rebelião negra, estamos num novo contexto da luta pela liberdade dos negros.[24]

Na academia e nos movimentos sociais, nenhuma contestação séria surgiu contra a cooptação do legado antirracista. Intelectuais e ativistas permitiram que a política fosse reduzida ao

---

educação, trabalhando duro, economizando e se portando de maneira educada. (N. E.)

014 William Edward Burghardt Du Bois (1868-1963) foi um ativista negro, sociólogo e historiador socialista. Foi um dos fundadores da National Association for the Advancement of Colored People, fez firme oposição às ideias de Booker T. Washington, foi uma das grandes referências do movimento pan-africano e defendeu que o capitalismo era a causa primária do racismo. Durante perseguido na época do macarthismo (o processo contra ele só foi indeferido depois que Albert Einstein se ofereceu como testemunha de defesa) e, apesar de suas críticas ao stalinismo, como forma de protesto filiou-se ao Partido Comunista aos 93 anos. A expressão *talented tenth* era usada por ele para expressar a probabilidade de uma em dez pessoas da sua raça de tornarem lideranças dela. (N. T.)

policiamento da nossa linguagem, à questionável satisfação de provocar culpa nos brancos, enquanto as estruturas institucionais de opressão racial e econômica permanecem. Como James Boggs refletiu em 1993:

> Antes do Civil Rights Act de 1964, podíamos ter o dinheiro, mas não podíamos nos hospedar na maioria dos hotéis ou comprar uma casa fora do gueto. Hoje a única razão de não podermos nos hospedar num hotel ou comprar uma casa decente é porque não temos o dinheiro. Contudo ainda estamos focados na questão racial, e isso está nos paralisando.[25]

Dar sentido a essa história desconcertante requer traçar uma linha de demarcação entre os movimentos de massa emancipatórios do passado, que lutaram contra o racismo, e as ideologias identitárias contemporâneas, ligadas à elite multirracial. A existência desse problema é amplamente reconhecida, mas discuti-lo construtivamente tem se mostrado bastante difícil. Críticas à política identitária são muitas vezes verbalizadas por homens brancos que permanecem ignorantes ou desinteressados pela experiência dos outros. Às vezes elas também são usadas à esquerda para se descartar qualquer demanda política que não esteja alinhada com o que é considerado um programa puramente "econômico" – a própria questão que o Coletivo Combahee River havia decidido abordar.

Porém, aqui a expressão *política identitária* parece amplificar as dificuldades. Hoje em dia com frequência os pensadores e militantes da esquerda radical ficam relutantes em criticar até mesmo a mais elitista das expressões da ideologia racial, por receio de que pareça estarem deslegitimando qualquer movimento contra o racismo e o sexismo. Outros corajosamente tentam estabelecer uma gradação de políticas identitárias, como se houvesse uma dose mínima efetiva e os problemas surgissem apenas quando levadas ao extremo. Mas essa lógica da gradação possivelmente não pode explicar a emergência de posições políticas fundamentalmente opostas e antagônicas: a política de base revolucionária do Coletivo Combahee River *versus* a política da classe dominante da elite do Partido Democrata.

É a nebulosidade da nossa categoria contemporânea de identidade que obscureceu os limites. Suas armadilhas políticas foram muito bem demonstradas por Wendy Brown, para quem "o que temos chamado de política identitária é parcialmente dependente da perda de uma crítica do capitalismo e dos valores culturais e econômicos burgueses". Quando reivindicações identitárias são feitas sem estarem fundamentadas numa crítica do capitalismo, Brown sugere:

> **as políticas identitárias de raça, sexualidade e gênero aparecerão não como um complemento da política de classe, não como uma expansão das categorias de esquerda de opressão e emancipação, não como uma ampliação enriquecedora de formulações progressistas sobre poder e pessoas – embora também sejam isso tudo –, mas como vinculadas a uma ideia de justiça que reinscreve um ideal burguês (masculinista) como sua medida.**[26]

Em outras palavras, codificando as demandas que vêm de grupos marginalizados ou subordinados como política identitária, a identidade branca masculina é consagrada com o status de neutra, geral e universal. Sabemos que isso não é verdade. De fato, há uma política identitária branca, um nacionalismo branco e, como veremos, a branquidade é a forma prototípica da própria ideologia racial. Lutas antirracistas como aquelas do Coletivo Combahee River revelam a falsa universalidade dessa identidade hegemônica.

Porém, quando as reivindicações identitárias perdem sua base em movimentos de massa, o ideal masculinista burguês se apressa em preencher o vazio. Esse ideal, como Brown escreve, "significa oportunidade vocacional e educacional, mobilidade ascendente, proteção relativa contra violência arbitrária e recompensa proporcional ao esforço". Se esse ideal não for questionado, pessoas de cor, junto com outros grupos oprimidos, não têm escolha a não ser articular suas demandas políticas em termos de inclusão no ideal burguês masculinista.

Reivindicar inclusão na estrutura da sociedade como ela é significa se privar da possibilidade de mudança estrutural. Como Brown aponta, isso significa que a condição da política é a "renaturalização do capitalismo, que tem marcado o discurso progressista desde os anos 1970"[27]. É a equação entre a capacidade política e ser membro de uma mítica "classe média", que se supõe poder caracterizar a todos na sociedade americana. Brown argumenta que a própria classe média é "uma identidade conservadora", uma identidade que se refere a "um passado fantasmático, um momento histórico idílico imaginado (implicitamente localizado em torno de 1955), sem restrições e não corrompido, quando a vida era boa". Era um momento histórico ideologicamente centrado na família nuclear, com o homem branco como chefe, à frente da família. No entanto, paradoxalmente, como Brown aponta, a classe média se torna "o ideal ao qual as identidades que não são de classe se referem para demonstrar sua exclusão ou dano".

Certamente o dano vindo da exclusão dos benefícios que são estendidos à classe média branca e heterossexual é um dano real. Segurança de emprego, estar livre de perseguição e intimidação, acesso à moradia – tudo isso são demandas importantes. Mas o problema é que "identidades politizadas" não colocam essas demandas a partir do contexto de uma insurgência vinda de baixo. É da própria estrutura da identidade politizada demandar restituição e inclusão; como aponta Brown: "sem recorrer ao ideal de classe média branca e masculina, as identidades politizadas perderiam boa parte de suas reclamações quanto ao dano e à exclusão, e às suas pretensões de importância política de suas diferenças"[28].

Cresci num mundo inteiramente moldado por essa renaturalização do capitalismo. Sentia que havia algo insatisfatório com a identidade politizada, mas não conseguia achar uma maneira de lidar com ela, a não ser usando uma espécie de frágil ambivalência dialética. Afinal, não podia ignorar o fato de que apesar de "negros rostos em altos postos"[015] não significarem libertação, vê-los era ainda profundamente significativo para aqueles que sofreram traumas psicológicos numa sociedade racista. Nos meus anos de formação, todos que se pareciam comigo que eu via na TV eram motoristas de táxi ou terroristas árabes. (Ainda não entendo por que eles usam indianos para fazer papel de terrorista árabe. Por que não ao menos um terrorista paquistanês?) Todos os presidentes foram brancos e, apesar da minha falta de interesse em Obama, sua vitória eleitoral me fez pensar nas pessoas negras que morreram lutando pelo *simples direito de votar*; e esse pensamento me levou às lágrimas. Seria a burguesia multicultural e sua ideologia identitária um mal necessário – um componente de uma aliança interclasses que seria exigido para lutar contra o racismo?

Por vezes eu achava que sim. Mas, à medida que continuei a participar de movimentos sociais, fui forçado a mudar de ideia. Portanto, ao lançar uma crítica à política identitária, não tenho intenção de me desviar do legado do Coletivo Combahee River ou dos movimentos de massa contra o racismo que moldaram nosso mundo atual. Trata-se de uma tentativa de lidar com a realidade contraditória, confronto que não podemos evitar. Na sua forma ideológica contemporânea, diferentemente da sua forma inicial como teorização da prática política revolucionária, a política identitária é um método individualista. Ela é baseada na demanda individual por reconhecimento e toma essa identidade individual como ponto de partida. Ela assume essa identidade como dada e esconde o fato de que todas as identidades são construídas socialmente. E porque todos nós temos necessariamente uma identidade que é diferente da de todos os outros, ela enfraquece a possibilidade de auto-organização coletiva. O paradigma da identidade reduz a política a quem você é como indivíduo e a ganhar reconhecimento como indivíduo, em vez de ser baseada no seu pertencimento a

---

015 No original há uma rima na expressão: *"black faces in high places"*. (N. T.)

uma coletividade e na luta coletiva contra uma estrutura social opressora. Como resultado, a política identitária paradoxalmente acaba reforçando as próprias normas que se propõe a criticar. Embora essa redefinição possa parecer drástica, esse tipo de mudança de significado é típico da linguagem política, a qual nem sempre se alinha claramente à prática política. Uma palavra como *nacionalismo*, por exemplo, acaba revelando discordâncias irreconciliáveis. Cedo ou tarde, ela requer modificação, e podemos acabar decidindo que é melhor abandoná-la e colocar no lugar termos novos e mais adequados. De fato, o nacionalismo era precisamente o obstáculo epistemológico que levou Barbara Smith ao tipo de política que constituiria o Coletivo Combahee River. Ela recordou:

> **Fui a uma grande mobilização contra a guerra em Washington D.C. no outono de 1969... Achava que era a última manifestação à qual iria; uma das razões era que, ao voltar a Pittsburgh, pessoas negras diziam coisas tão desagradáveis sobre o fato de eu estar envolvida no que eles diziam ser uma organização "branca", ou seja, o movimento contra a guerra... foi um período muito difícil para ser uma mulher negra ativa politicamente, alguém que não queria ser marionete... De verdade achei que nunca seria politicamente ativa novamente, porque o nacionalismo e as atitudes patriarcais dentro do movimento negro eram *muito* fortes.**[29]

A proposta inicial do Coletivo Combahee River era exatamente superar essas divisões degradantes e despolitizantes. "Acredito firmemente que deve haver espaço para todos nós nas nossas miríades de identidades e dimensões", Demita Frazier diria mais tarde. "Corre-se o risco de uma identidade se cristalizar e se tornar limitada, fazendo todos se tornarem conformistas." Essa tensão também existia no Combahee. Diferenças de classe internas ao grupo eram um desafio para manter formas democráticas de organização. Frazier relembra:

Classe era outra grande questão que olhávamos e que ainda, de algum modo, não conseguíamos resolver. Tínhamos uma análise baseada nas nossas próprias inclinações socialistas e numa visão de mundo socialista democrática, mas mesmo assim, na prática, havia muitas mulheres que se sentiam excluídas porque achavam que não tinham a bagagem educacional e a prerrogativa de liderança.

Tão importante quanto era a questão do relacionamento com outros grupos, especialmente outros grupos feministas. O movimento feminista era tido como branco desde o início, e parte da intenção do Combahee era insistir que as mulheres negras podiam articular seu próprio feminismo. Mas isso não significava necessariamente manter divisões rígidas em relação às feministas brancas, ou mesmo formar uma identidade negra cristalizada. Nas próprias palavras de Frazier:

> Uma das coisas que sempre me incomodou é que eu queria ser parte de uma organização feminista multicultural, um movimento feminista multicultural, mas nunca senti que o movimento feminista era totalmente integrado... O Combahee até trabalhava em aliança com outros grupos, mas não fomos capazes de criar esses laços interculturais e torná-los fortes como eu esperava que pudessem ser.[30]

O problema das alianças é sentido de forma aguda por qualquer um que tenha vivido as dificuldades e dissabores da prática política. Minhas próprias experiências com a ascensão e a queda de alianças me convenceram da perspectiva de Paul Gilroy, pesquisador da cultura negra britânica: "A ação contra hierarquias raciais é mais eficaz quando está livre de qualquer apego à ideia de 'raça'"[31].

2.
CONTRADIÇÕES ENTRE AS PESSOAS

No dia 15 de fevereiro de 2003, entre 10 e 15 milhões de pessoas em mais de 600 cidades tomaram as ruas para protestar contra a invasão do Iraque pelos Estados Unidos – o maior protesto da história da humanidade. Eu era uma delas. Minhas primeiras experiências como ativista foram no pequeno e sofrido agrupamento de pessoas que se organizaram contra a Guerra do Iraque em State College, Pensilvânia. Nesse grupo, a raça não era uma fonte de conflito. Anti-imperialistas negros e anti-imperialistas brancos trabalhavam juntos para organizar manifestações. Ativistas brancos, alguns deles radicalizados por terem tido contato com a luta de Mumia Abu-Jamal[016], afirmavam fervorosamente que o

---

[016] Jornalista, ativista e ex-integrante dos Panteras Negras, Mumia Abu Jamal foi preso em 1981 e depois condenado à morte por supostamente ter assassinado um policial da Filadélfia. O julgamento foi carregado de irregularidades e motivou o surgimento de uma campanha internacional pela sua anulação, o que de fato aconteceu em 2008. Mumia Abu-Jamal continua preso, mas não no corredor da morte. Há um livro dele publicado no Brasil: *Ao vivo do corredor da morte*, (Conrad, 2001). (N. E.)

racismo em casa estava relacionado ao imperialismo fora. Nosso grupo era pequeno demais para ter dissidências e rachas.

Na época em que o movimento Occupy surgiu, eu tinha me mudado para o norte da Califórnia, onde a esquerda é grande o suficiente para acomodar muitos rachas. O que era incrível nesse período é que a questão de classe veio para a agenda política de um modo que nunca havia ocorrido antes na minha vida. Tive contato com muito mais marxistas. Às vezes me vi discutindo com marxistas brancos que achavam que o anti-imperialismo e até mesmo o antirracismo estavam datados. Eles insistiam que o movimento contra a guerra havia fracassado e que estava cheio de sectários que apoiavam ditaduras no Terceiro Mundo. O antirracismo era assim pouco mais que um slogan, já que os problemas reais das pessoas de cor poderiam ser explicados pelas contradições econômicas.

Eu não conseguia me identificar com essa visão e não conseguia de fato ver o que ela tinha a ver com marxismo. Não havia encontrado nada que me convencesse a rejeitar a definição de socialismo de Newton como "o povo no poder". E parecia para mim que, quando as pessoas se organizavam para resistir à opressão imperialista e racista, estavam trabalhando na direção da construção desse poder, mesmo se as incertezas da história significassem que seus esforços frequentemente não seriam suficientes. Durante algum tempo estive preocupado sobretudo em defender que a esquerda deveria levar a questão da raça mais a sério.

Eu via que a questão racial era a limitação fundamental do movimento Occupy. Apesar de iniciativas como o Occupy the Hood[017], o movimento dos 99% nunca pareceu penetrar nos bairros mais pobres e nunca conseguiu diversificar seus participantes adequadamente. Como consequência, ele foi representado pela imprensa corporativa como um movimento dominado por

---

017 Iniciado por Malik Rhasaan, o Occupy the Hood se espalhou por diversas cidades e buscava ser um meio para pessoas de cor que queriam participar do movimento Occupy, mas se sentiam deslocadas com o perfil do movimento. (N. T.)

brancos e com reivindicações para brancos. Foi uma derrota inaceitável no campo da propaganda. Não apenas havia negros profundamente e até mesmo desproporcionalmente atingidos pelos empréstimos predatórios e pelas consequências da recessão, mas também o legado revolucionário negro foi usado no movimento. Deveria ter sido possível atravessar as fronteiras de raça, bairros e instituições para enfrentar o *status quo* com um movimento de massa multirracial.

Isso não ocorreu e, no final das contas, o movimento Occupy desapareceu. Mas a questão da raça voltou, como o retorno do recalcado. Em 2014, vimos muito bem o quão ineficaz é o multiculturalismo liberal. Apesar de uma família negra estar na Casa Branca, a violência policial contra a comunidade negra não parou. Quando um jovem negro chamado Michael Brown foi linchado por um policial branco, que não foi punido por isso, uma explosão de revolta eclodiu em Ferguson, Missouri, e se espalhou por Atlanta, Chicago, Filadélfia, Nova York e Oakland.

Não foi apenas a persistência da supremacia branca que foi exposta nesse momento. Também ficaram visíveis as contradições de classe na comunidade negra. Enquanto as elites políticas negras, como o pastor Al Sharpton, clamavam por controle, os levantes demonstravam querer mais que apenas espaço para os negros no sonho americano de mobilidade social. A juventude negra continuava a ser enviada à prisão ou assassinada pela polícia, e as comunidades negras eram mantidas em estado de inconcebível pobreza. Os rebeldes nas ruas viam claramente que colaborar com Sharpton ou Obama não faria sua luta avançar. Essas contradições e tensões se aceleraram com o passar do tempo, incorporando a indignação com o caso semelhante de Eric Garner em Nova York e desembocando no movimento conhecido como Black Lives Matter.

Esse movimento levou adiante um legado revolucionário fundamental, que Malcolm X descreveu no seu monumental discurso "Mensagem às Bases". Sua famosa análise do "negro da casa" não era meramente uma resposta retórica a indivíduos que tendiam ao liberalismo. Era uma análise complexa do papel estrutural desempenhado pelo dirigente negro na supressão da ação autônoma de massa. "Eles te controlam", Malcolm dizia. "Eles te contêm; te mantém na plantação."[1] Como Cornel West apontou, o levante de Ferguson foi uma nova revolta contra o controle e a contenção exercida por essas elites negras:

> **O surgimento desse momento com o Black Lives Matter corresponde ao de uma maravilhosa nova militância, que é o primeiro sinal da quebra da apatia neoliberal na América negra. O que expõe a podridão espiritual e a covardia moral de grande parte das lideranças negras – políticas, intelectuais e religiosas. O carisma míope e o narcisismo crônico que impediu qualquer crítica séria ao neoliberalismo de Obama estão agora expostos publicamente, graças aos jovens corajosos que enfrentaram tanques militares de modo a mostrar seu amor por aqueles assassinados pela polícia inimputável sob um presidente negro, um procurador-geral negro e um membro do gabinete de segurança nacional negro.[2]**

O movimento Black Lives Matter veio da base. Consequentemente, não traçou uma fronteira artificial entre classe e raça. Como Erin Gray escreveu na sua análise desse "movimento revolucionário antilinchamento do século XXI": "As ações diretas organizadas pela indignação em defesa da vida dos negros se tornaram cada vez mais anticapitalistas. Elas incluíram a destruição de propriedade, ocupação de estradas, bloqueios de postos de gasolina e de departamentos de polícia e paralisações de grandes corporações como o Walmart"[3].

Mas, embora estivéssemos vendo a automobilização de parte da população que o movimento Occupy não tinha sido capaz de alcançar, esse conteúdo de classe nascente não foi sempre fácil de manter e desenvolver. Uma tendência reacionária de fato emergiu, alimentada pela imprensa corporativa e pela elite negra. Elas tentaram introduzir uma barreira rígida entre o movimento Black Lives Matter e as lutas anticapitalistas em andamento, por supostamente corresponderem a identidades diferentes e não relacionadas.

Encontrei esse problema, de um modo para o qual não estava preparado, na Universidade da Califórnia em Santa Cruz. Ali o movimento Black Lives Matter surgiu no contexto de um movimento antiprivatização liderado por uma aliança entre estudantes e trabalhadores. Nos anos seguintes ao Occupy, uma quantidade de sindicatos – organizando todo mundo, de trabalhadores da saúde a motoristas de ônibus, passando por zeladores e assistentes de professor – estava em negociações coletivas e paralisando o campus com greves fortes. Contaram com o apoio de militantes estudantis, incluindo grupos de esquerda multirraciais como o Autonomous Students, e também com grupos comunitários como o Movimiento Estudiantil Chicano de Aztlán (popularmente conhecido como MEChA).

É claro que grupos como esse último vieram da onda nacionalista dos anos 1960, que teve um impacto poderoso na Califórnia, especialmente em instituições de ensino superior – os departamentos de estudos étnicos das universidades San Francisco State e Berkeley, por exemplo, foram criados graças às greves estudantis da Third World Liberation Front[018].

Mas esse legado se tornaria contraditório quando o Conselho Administrador da Universidade da Califórnia (UC) anunciou um aumento de 27% nas mensalidades[019] em novembro de 2014. Eu não esperava muita coisa. Estava em minha sala, planejando

---

018 A TWLF (Frente de Libertação do Terceiro Mundo) surgiu em São Francisco em 1968, como uma coalizão da Black Students Union, Latin American Students Organization, Philipino American Collegiate Endeavor, Asian American Political Alliance e El Renacimiento (uma organização que reunia estudantes americanos e mexicanos). A frente organizou a maior greve de estudantes da história dos Estados Unidos. (N. E.)

019 No original *tuition*. Traduzimos por *mensalidade* para melhor leitura e compreensão do leitor brasileiro. Mas o valor da *tuition* nas universidades dos Estados Unidos é pago trimestralmente, semestralmente ou anualmente. (N. T.)

dar uma passada rápida na manifestação quando fosse para casa. Daí ouvi a multidão do lado de fora: o prédio ao lado havia sido ocupado, a administração foi expulsa. Mudei de planos.

A ocupação durou cerca de uma semana, pontuada por visitas de Cornel West, de Chris Hedges e do Teamsters[020]. Após uma confusa explosão inicial de energia, as conversas finalmente começaram – as análises foram debatidas, os slogans foram impressos em panfletos. Foi notável como em todas essas ações a questão racial era dominante. Parecia ser mais eficaz, em termos de mobilizar gente, dizer que o aumento da mensalidade "atinge mais duramente os estudantes de cor".

Mas não havia elaboração ou mesmo números que sustentassem essa afirmação. De fato, levando em conta a política da universidade sobre o ingresso de minorias, pode não ter sido esse o caso. Pode ter havido razões para se afirmar que estudantes de cor que cresceram em bairros segregados economicamente e estudaram em escolas públicas também segregadas eram mais afetados pelas tendências gerais de privatização que o aumento das mensalidades representava, apesar do fato de que os mais pobres entre eles não pagavam mensalidade. Mas a insistência de que o aumento das mensalidades em si devia ter de algum modo um viés racial obscureceu a matemática complicada que estava por trás da política vacilante da Universidade da Califórnia. Isso forçou o movimento a ficar num beco sem saída retórico, como se a privatização racialmente igualitária da universidade fosse de algum modo aceitável.

Paralelamente a essa falta de clareza fundamental, havia uma espantosa oposição às próprias palavras *ocupar* e *ocupação*, as quais poderiam evocar as fábricas autogeridas da Argentina ou do Uruguai, mas que em vez disso eram acusadas de apologia

---

020 Chris Hedges é um célebre jornalista que se diz anarco-cristão. O International Brotherhood of Teamsters é um sindicato de caminhoneiros criado em 1903 e que hoje reúne diversas categorias de trabalhadores e se autoproclama o sindicato mais forte da América do Norte. (N. T.)

ao genocídio indígena. Numa assombrosa inversão de modismos acadêmicos anteriores, o significante *ocupar* foi limitado a um único significado que remonta a Cristóvão Colombo. Qualquer sugestão de polissemia foi rejeitada como se fosse um insulto pessoal. Um debate que provavelmente deveria ter acontecido num seminário de semiótica tomou horas em reuniões em que poderíamos ter planejado aulas públicas, passeatas e oficinas, ou dividido tarefas de limpeza. Em vez disso, tivemos que nos debruçar sobre o dicionário ativista em busca de sinônimos como *tomar* e *expropriar*.

Mas as coisas pioraram. E começou com um debate sobre práticas autoritárias numa assembleia geral desorganizada. A multidão, a maior até então, estava cheia de novatos empolgados prontos a participar. Mas foram totalmente silenciados, reduzidos a receber instruções que não eram democraticamente discutidas. Muitas pessoas falaram criticando essa prática, incluindo eu. Mas cada um dos facilitadores era uma "POC"[021] – isto é, uma "pessoa de cor" –, e, depois que a assembleia foi desfeita, um boato sem fundamento e quase risível começou a se espalhar de que os facilitadores haviam sido atacados por racistas. Esse boato se tornou quase impossível de desfazer. Até mesmo alguns dos apoiadores costumeiros ouviram que a ocupação não era um "espaço seguro" e pararam de aparecer.

Claro, não é como se essas queixas surgissem do nada. Desde antes da palavra *microagressão* se tornar parte do léxico, vivi exatamente essas formas de racismo sutil e também a paranoia racial decorrente delas. Mas as universidades fomentaram um discurso despolitizado sobre esses problemas, como Barbara Smith, do Combahee, observou numa recente entrevista: "Infelizmente, pela política identitária ser frequentemente introduzida aos jovens por acadêmicos que têm uma compreensão parcial da profundidade dela, eles também reproduzem uma confusão.

---

021 No original *people of color*, por isso a sigla "POC". (N. E.)

Avisos de gatilho[022], espaços seguros e microagressões são coisas reais, mas a questão é que não era nisso que estávamos focadas"[4].

Mas esse se tornou o foco em Santa Cruz. Algumas pessoas começaram a organizar reuniões separatistas de POC, unidas por sua cor de pele, contra um conjunto fictício de anarquistas brancos. Minha pele me permitiu entrar. Após ouvir uma desorientadora miríade de posições políticas – um estudante leu em voz alta um e-mail de um administrador que de forma conspiratória acusava os estudantes que protestavam de tentarem enfraquecer as iniciativas de diversidade do campus –, senti necessidade de intervir. Levantei e tentei conjurar alguns diabos da retórica o melhor que pude; pensei em Malcolm X e como ele sempre falava na segunda pessoa ("Você não sabe o que é a revolução!"). Soltei nomes como Frantz Fanon e tentei convencer um grupo totalmente heterogêneo a largar o ato POC e ajudar a construir um movimento melhor. Alguns observadores estalaram seus dedos em concordância em pontos altos da minha oratória, mas ignoraram o que eu disse.

Estava frustrado demais para continuar indo às reuniões de POC. Erro meu. Havia ideólogos de verdade no grupo, cerca de quatro ou cinco, e eram articulados e espertos o suficiente para arrastar os novatos jovens e indecisos. O autoproclamado líder decidiu que umas poucas reuniões não eram suficientes. Renascida como "Assembleia POC", eles convocaram uma assembleia geral especial e anunciaram, numa apresentação de doer os ouvidos, que estavam se separando para se oporem ao racismo do movimento contra o aumento das mensalidades liderado por brancos. Um pequeno público multirracial assistiu confuso. Não pudemos fazer perguntas a eles ou argumentar, pois eles saíram porta afora após falarem. Fiquei convencido nessa altura de que tinha uma responsabilidade pessoal de declarar publicamente,

---

022 No original *trigger warnings*. Expressão bastante usada no campo das políticas identitárias. Refere-se a gatilhos psíquicos, que podem ser um filme, uma palavra, um livro etc., que possivelmente desencadeariam sofrimento psíquico e lembranças de traumas. (N. T.)

como uma "POC", que eu me opunha a esse tipo de divisionismo autoindulgente. Levantei novamente e gritei enquanto caminhava em círculos, comparando-os à Nação do Islã. Escrevi várias mensagens furiosas aos grupos de e-mail dos ativistas, comentando num deles: "Estou me dirigindo aos companheiros ativistas de cor: não podemos deixar os nacionalistas reacionários falarem por nós. Precisamos começar a reivindicar o legado dos movimentos antirracistas revolucionários".

Muitos dos principais organizadores da ocupação em Santa Cruz, eles próprios pessoas de cor, rapidamente reconheceram que a ideologia em ação no racha ameaçava fazer da cultura ativista uma marionete dos de cima. Eles escreveram uma carta respondendo à acusação disseminada de que a ocupação, e por extensão toda organização no campus, era um "espaço de brancos". A carta apontava que tal retórica não apenas invisibilizava completamente os ativistas de cor que organizavam a ocupação como também beneficiava a administração, que adorava dar aumentos exorbitantes para si enquanto ameaçava aumentar as mensalidades. Se esse modo de pensar se espalhasse, o movimento desintegraria numa "colaboração com administradores POC, que rirão na nossa cara e nos apunhalarão nas costas". Em maiúsculas furiosas a carta declarava: "NÃO PODEMOS MAIS PERMITIR QUE ESSA CULTURA TÓXICA ENFRAQUEÇA OS MOVIMENTOS AUTÔNOMOS CONTRA O AUMENTO DAS MENSALIDADES".

Como uma espécie de pegadinha histórica, foi bem quando estávamos resolvendo esse racha que tudo veio abaixo na cidade de Ferguson – quando ouvimos a decisão do júri de não acusar Darren Wilson, o policial branco que assassinou Michael Brown. Era claro para nós que qualquer movimento social nos Estados Unidos, incluindo o nosso, tinha que dar uma resposta a essa exibição flagrante de racismo do sistema judiciário. Mas as últimas tendências da política identitária tornaram praticamente impossível fazer a ponte entre temas como a violência policial e o acesso ao ensino superior.

Nos anos 1990, crescemos acostumados à ideia de que toda reivindicação de reconhecimento por parte de uma identidade marginalizada deveria ser reconhecida e respeitada – uma forma de etiqueta discursiva por vezes resumida no jargão *interseccionalidade*, um termo originado dos estudos jurídicos e que agora possui uma função intelectual comparável ao "abracadabra" ou à "dialética". Quando Kimberlé Crenshaw introduziu o termo em 1989, ele tinha um significado preciso e delimitado. Crenshaw começou examinando "como os tribunais enquadram e interpretam as histórias das mulheres negras querelantes". Ela citou casos nos quais os tribunais determinaram que uma ação judicial antidiscriminação "deve ser examinada para ver se ela traz uma causa de ação por discriminação racial ou discriminação sexual, uma delas, mas não uma combinação de ambas". Ela passou a ligar essa questão jurídica específica ao problema geral já descrito pelo Coletivo Combahee River: as organizações políticas monotemáticas terminariam se centrando nos membros do grupo mais privilegiados, marginalizando aqueles cujas identidades os expõem a outras formas de subordinação[5].

No seu uso corrente entre ativistas do campus, porém, "interseccionalidade" parece ir numa direção oposta, recuando das práticas de construção de alianças do CCR e, em vez disso, generalizando a condição de querelante: equacionando a prática política à demanda pela reparação de uma lesão, convidando à construção de intersecções barrocas e inavegáveis, constituídas pelas litanias de diferentes identidades às quais uma pessoa pertenceria. Aqueles cuja identidade possui mais linhas que se intersectam podem reivindicar o status de mais lesados e, portanto, são agraciados, no quadro jurídico ao qual a política é assim reduzida, com proteção institucional e de fala. Esse status protegido não implica nem a subjetividade política que pode vir a se organizar autonomamente, nem a solidariedade que é necessária a alianças para chegar a ações políticas bem-sucedidas.

De fato, a reação imediata à tentativa dos estudantes radicais de se organizar em torno da questão da violência policial foi questionar se um grupo que não era identificado como negro deveria sequer ter permissão de abordar o assunto. Como resultado, grupos identificados como negros encenaram alguns efêmeros *die-ins*[023], enquanto a aliança dos radicais – que incluía, no mínimo, ativistas negros, brancos, mexicanos, porto-riquenhos, dominicanos, indianos, iranianos e judeus – diminuiu de tamanho.

Isso ocorreu em todo o país, com o separatismo e excepcionalismo negro sendo um ponto de partida assumido. Em passeatas que muitos de nós participamos em Oakland, os comícios eram liderados por políticos e burocratas de organizações sem fins lucrativos que alertavam sobre os "agitadores de fora" brancos que poderiam tentar instigar a violência. Diziam que somente negros deveriam pegar o microfone; que somente negros deveriam ter funções de liderança; que os negros deveriam estar na frente da passeata, com os brancos "aliados" no final e os "pardos" permitidos no meio.

"Pardo", nesse contexto, presumivelmente se refere a todos os excluídos pelas categorias dominantes "negro" e "branco". Na prática, com nossa demografia, engloba a maioria da nossa população imigrante. Diante disso e do que Marie Gottschalk escreveu no *Boston Review*, "o Estado carcerário... expandiu tanto sua capacidade de apreender, deter, punir e deportar imigrantes", é de se ficar perplexo à sugestão de que eles têm apenas um papel secundário em movimentos que se dirigem contra o sistema judiciário[6].

O pressuposto de que somente organizações lideradas por negros poderiam se organizar em torno de "suas" questões, apesar da profunda divergência política entre essas organizações – algumas das quais representavam os interesses elitistas da burguesia negra e explicitamente buscavam suprimir a militância de base –, viria a ter um efeito devastador. Entre intelectuais, as tendências separatistas mais reacionárias obtiveram o status de

---

023 *Die-in* é uma forma de protesto na qual os manifestantes se deitam, como se estivessem mortos. (N. T.)

pseudofilosofia com a ascendência do chamado afropessimismo de Frank Wilderson. Um sintoma fundamental dessa tendência foi a proliferação do conceito de *antinegritude* no lugar de *racismo*. Esse último, mais cotidiano, implica uma luta antirracista que une grupos oprimidos. A problemática "antinegritude" radicaliza e ontologiza uma perspectiva separatista e excepcionalista negra, rejeitando até mesmo o mínimo gesto em direção a alianças implícitas na expressão *pessoas de cor*. Ela alega, na base de interpretações dúbias de Gramsci e da historiografia da escravidão, que a "negritude" é fundada na "morte social", na perda de identidade e na dominação total imposta aos escravos no nascimento – apesar do fato de que a fonte desse termo, o sociólogo Orlando Patterson, usava-o para definir todas as formas de escravidão, incluindo as não racializadas[7]. Segue-se do pensamento de Wilderson que a totalidade da sociedade civil "branca" está fundada nessa violência absoluta. A história inteira dela é reduzida a um efeito de um pretenso prazer dos brancos no sofrimento dos negros – "como se o principal negócio da escravidão", diz Barbara Fields, "fosse a produção da supremacia branca e não a produção de algodão, açúcar, arroz e tabaco"[8].

Com ideologias de unidade racial funcionando claramente como bloqueio ao desenvolvimento de uma política de massa antagônica, não é de admirar que a linguagem aparentemente extremista da negritude e antinegritude tenha seduzido intelectuais a se reconciliar com o *status quo*. É claro, quando o discurso do afropessimismo ocasionalmente tratava da classe política negra, seu tom era de crítica severa. Mas essa crítica reproduzia a dinâmica política que levou à sua ascensão em primeiro lugar: os dirigentes negros eram malhados por seu aliancismo, reforçando portanto a ideologia de unidade racial que obscurecia as posições de classe. Seu programa reformista de dar aos negros maiores direitos como cidadãos era rejeitado numa linguagem parecida com a das primeiras críticas da integração, obscurecendo a incorporação política da elite que tem ocorrido desde o fim da segregação[9]. A ideologia da negritude no afropessimismo de Wilderson funciona como negação da real integração das elites negras na "sociedade civil", que hoje dificilmente pode ser classificada como uma coisa "branca". Quando os efeitos letais da supremacia branca são exercidos por uma classe dominante racialmente integrada, a negritude como um vazio antipolítico se torna uma posição conveniente para uma performance de marginalidade.

A ideologia separatista impede a construção da unidade entre os marginalizados, o tipo de unidade que poderia realmente superar a marginalização. Numa entrevista de rádio em 2014, Wilderson atacou a visão de que a experiência dos negros em Ferguson era de algum modo comparável à dos palestinos. Atribuindo essa visão à "sociedade civil branca reacionária de direita e à chamada sociedade civil de cor progressista", ele proclamou: "Isso é pura besteira. Primeiro, não houve período de tempo em que o policiamento e a dominação escrava dos negros tenham deixado de existir. Segundo, os árabes e os judeus são tão parte do comércio de escravos negros – a criação da negritude como morte social – como qualquer outro... A antinegritude é tão importante e necessária à formação da vida psíquica árabe quanto à formação da vida psíquica judia"[10].

Quem ouve as repetições desorientadoras dos tropos neoconservadores orientalistas de Wilderson não imaginaria que os ativistas em Ferguson estiveram em contato próximo com os palestinos. Palestinos esses que exibiram cartuchos de bombas de gás lacrimogêneo, demonstrando que eram as mesmas usadas contra eles, e compartilharam táticas de combate de rua aprendidas em amargas experiências. Uma declaração de solidariedade assinada por vários ativistas e organizações palestinas dizia: "Com um punho Black Power erguido no ar, saudamos o povo de Ferguson e nos unimos à sua demanda por justiça". Essa solidariedade foi retribuída em janeiro quando um grupo de ativistas do movimento visitou a Palestina.

Durante o auge do movimento Black Lives Matter, a linguagem afropessimista se difundiu rapidamente no Twitter e no Tumblr, encorajando um grande número de ativistas a descrever a violência policial em termos de sofrimento imposto aos "corpos negros" e a tentar monopolizar a própria categoria de morte. Foi uma escolha um tanto estupidificante de palavras, num momento em que os negros em Ferguson estavam tomando parte de uma luta global de recusa em aceitar o sofrimento, de recusa em morrer. Como Robin D. G. Kelley apontou:

> **Ler a experiência dos negros a partir do trauma pode facilmente levar a pensarmos como vítimas e objetos em vez de agentes, sujeitados a séculos de violência gratuita que estruturaram e sobredeterminaram nosso próprio ser. No jargão de hoje em dia, "corpos" – corpos vulneráveis e ameaçadores – cada vez mais substituem pessoas reais com nomes, experiências, sonhos e desejos.**

Na verdade, Kelley ressalta, "o que fortalecia os escravizados de origem africana era a *memória da liberdade*, sonhos de conquistá-la e conspirações para decretá-la". Uma herança de resistência que é apagada pela retórica dos "corpos negros". Além disso, diz Kelley:

> **Se afirmarmos que a violência do Estado é apenas uma manifestação de antinegritude por isso ser o que vemos e sentimos, ficamos sem teoria do Estado e sem meios de entender a violência policial racializada em lugares como Atlanta e Detroit, onde a maioria dos policiais são negros. A menos que usemos alguma explicação metafísica.**[11]

Aqui chegamos ao xis da questão. A "explicação metafísica" – o modo clássico de superstição ideológica – obscurece não apenas as relações sociais do Estado, mas também a contradição entre a insurgência de massa e a elite negra ascendente que proclama representá-la. Wilderson diz que o afropessimismo busca "destruir o mundo", e não construir um mundo melhor, uma vez que o mundo seria irremediavelmente fundado na "antinegritude". Na verdade, o afropessimismo tem servido como um lastro ideológico para as burocracias emergentes em Ferguson e em outros lugares. Isso porque a retórica supostamente radical do separatismo e o reformismo da elite dirigente convergiram para impedir as possibilidades de construção de um movimento de massa. Entre os "representantes" do movimento Black Lives Matter mais presentes na mídia se encontrava o diretor-executivo do Saint Louis Teach for America, uma organização que teve papel-chave na privatização da educação e no ataque aos sindicatos de professores. De fato, um grupo desses "representantes" se reuniu entusiasmado com Arne Duncan[024], feroz defensor das escolas charter[025] e do teste de drogas em alunos, durante sua visita a Ferguson. Se tais tendências continuarem sem oposição, o único mundo que será destruído será aquele no qual estudantes negros pobres podem frequentar uma escola pública ou esperar ter um emprego com direitos.

Em Santa Cruz, a ideologia identitária nos levou cada vez mais para longe de um projeto genuinamente emancipatório. Suas consequências não foram apenas a desmobilização do movimento mas também uma compartimentação política degradante. Na falta de uma afirmação identitária confiável, as lutas antineoliberais, como o movimento contra o aumento das mensalidades, foram artificialmente separadas das questões de "raça". Ativistas "POC" focariam a brutalidade policial, estudos étnicos e a teoria pós-colonial. O aumento do custo de vida, a privatização da educação e a precarização do trabalho se tornariam questões de "brancos". Comecei a me dar conta do drástico engano que ansiosos analistas brancos cometiam ao representarem a política

---

024 Secretário de Educação no governo Obama. (N. E.)
025 As escolas charter possuem maior autonomia em relação ao Estado, mas são consideradas pelos críticos uma forma de privatização da educação pública e de atacar os sindicatos de professores. (N. T.)

identitária como uma forma de oposição extremista ao *status quo*. Essa experiência me mostrou que a política identitária é, ao contrário, uma parte integral da ideologia dominante; ela torna a oposição impossível. Somos suscetíveis a ela quando não conseguimos reconhecer que a integração racial da classe dominante e das elites políticas mudou inexoravelmente o campo da ação política.

Uma entrevista com John Watson[026], realizada em 1968 e intitulada "Black Editor", inspirou um grupo de ativistas de Santa Cruz. Pegamos um fim de semana para ler, reler e discuti-la coletivamente. Nela Watson explica a função organizativa do jornal da League of Revolutionary Black Workers[027]. Embora a impressão e venda de jornais não seja mais uma tática atual, questões abordadas no texto nos parecem bastante contemporâneas.

> Já em 1960 ou 1959 havia pessoas envolvidas em várias organizações voltadas a um único tema. Elas tinham um objeto específico como uma campanha de *sit-in*[028], a brutalidade policial, a guerra, o movimento pacifista etc. Essas organizações tinham uma vida própria – atividade de organização interna, com muitas pessoas realizando trabalho concreto contra o sistema. Mas elas não conseguiam se manter e acabavam. Então ocorreria uma nova ascensão, e uma nova organização. O movimento tinha a forma de ondas, tinha seu afluxo e refluxo, e por ter temas únicos não tinha uma ideologia clara[12].

---

[026] Membro dos Panteras Negras e da League of Revolutionary Black Workers, John Watson foi também editor de duas importantes publicações radicais norte-americanas dos anos 1960: o *The South End* e o *Inner City Voice*. (N. E.)

[027] A organização marxista League of Revolutionary Black Workers (Liga dos Trabalhadores Negros Revolucionários) foi criada em Detroit, em 1969. A *Inner City Voice* era seu órgão oficial. (N. E.)

[028] Forma de manifestação em que as pessoas se sentam no chão ocupando um lugar. (N. T.)

Sentimos, em Santa Cruz, que era impossível adiar a tarefa de repensar tudo, aprender como chegamos aqui, tentar recuperar nossa história e achar abordagens alternativas. Como poderíamos entender a distância das mobilizações de massa do passado para nossa situação atual, em que um movimento de base contra o racismo estava sendo minado pela própria linguagem do antirracismo? Organizamos um grupo de estudo sobre a história dos movimentos antirracistas. Lemos uma ampla variedade de textos históricos que no final formou a base da antologia *Black Radical Tradition Reader*, que por sua vez gerou grupos de leitura em Oakland, Filadélfia, Nova York e em outros lugares[13].

O problema que encontramos foi que, para formar uma nova ideologia, temos que enfrentar a tenacidade da ideologia existente. E a "raça" é uma das ideologias mais tenazes de todas.

3.
A IDEOLOGIA RACIAL

Até mesmo nos discursos da política identitária que apresentam a raça como uma identidade fixa, ela é uma categoria muito difícil de apreender. Uma das mais desconcertantes expressões de como ela é escorregadia pode ser vista na reação a pessoas de cor que criticam a política identitária. Por exemplo, sou frequentemente colocado nas listas de "socialistas brancos" que não conseguem levar a questão de raça a sério. É claro, isso não ocorre só na política identitária. Os brancos têm uma tendência a pensar que qualquer um que interage socialmente com eles e que é "claro" e "articulado", como Joe Biden disse sobre Barack Obama, deve ser incluído na categoria "branco". Lembro-me de uma pessoa branca dizer para mim, num bar etíope na Filadélfia, que era perturbador como todas as "pessoas de cor" estavam segregadas no outro ambiente do bar. A mim me parecia que os frequentadores etíopes do bar estavam perfeitamente felizes de assistir ao futebol sem serem perturbados por liberais brancos paternalistas.

Eu, por outro lado, estava bastante perturbado pela minha presença, e de muitos outros amigos que eram pessoas de cor, ter sido considerada insignificante.

A parte mais perturbadora, obviamente, é que esse embranquecimento não é aplicado sempre. Não ocorreu quando voei para o aeroporto de Nova York na Turkish Airlines. Todo homem com nome muçulmano era levado por guardas armados para um quarto sinistro nos fundos, onde esperávamos por horas para sermos interrogados sobre nossos planos de viagem. Levou muitos anos para me sentir à vontade e não me barbear antes de cada voo.

Em movimentos sociais, essas práticas inconsistentes são uma fonte não somente de desconforto pessoal, mas também de erros organizativos. Lembro-me de uma reunião política na qual um homem divagava sobre como ele "não viu nenhuma pessoa parda na sala". O camarada negro e eu que estávamos sentados diretamente à frente dele nos olhamos incrédulos.

Como uma categoria que a política identitária concebe como uma essência fixa acaba sendo tão indeterminada? Como algo absolutamente visível e óbvio, bem diante dos nossos olhos, ainda assim consegue escapar do nosso domínio? Althusser apontava que a obviedade é uma das características básicas da ideologia. Quando algo parece ser óbvio para nós, como a noção de que os seres humanos devem competir uns com os outros pelo acesso ao necessário para sobreviver, sabemos que estamos no mundo da ideologia.

Não há razão intrínseca para organizar os seres humanos com base em características que essa ideologia nos diz ser "racial". A ideologia de raça afirma que podemos categorizar as pessoas de acordo com características físicas específicas, que geralmente giram em torno da cor da pele. Mas essa é uma forma de classificação arbitrária que somente tem algum significado porque tem consequências sociais.

O racismo é a equação entre essas consequências sociais da categorização das pessoas e as características biológicas. Tal redução da cultura humana ao biológico é geralmente rejeitada e vista como abominável. No entanto, é possível rejeitar o racismo e ainda assim perpetuar a ideologia da raça. Tomar a categoria de raça como dada e como base para a análise política reproduz essa ideologia. E isso não é inofensivo, porque na verdade a ideologia de raça é produzida pelo racismo, e não o contrário.

Há muitas situações em que aparece o fenômeno de raça, e elas são bastante diferentes entre si. De modo a entender como ele opera, temos que falar sobre essas situações em suas especificidades. Considere os seguintes exemplos: colonialismo espanhol e colonialismo holandês; colonialismo inglês na Índia e colonialismo japonês na Coreia; conflito étnico na África pós-colonial e conflito étnico nos Balcãs pós-socialista. Todos esses exemplos são acompanhados de várias ideologias de raça. Não ganhamos nada reduzindo essas situações concretas a uma única abstração, que tentamos depois explicar separadamente das circunstâncias específicas. A melhor maneira de proceder é reconhecendo que essa abstração de "raça" já é constituinte da nossa forma de entender o mundo. Mas para compreendê-la devemos traçar todos os fatores concretos e específicos que a geraram – indo das nossas ideias ao mundo material e sua história.

Também temos que quebrar a presunção de que "raça" descreve apenas o que é diferente, secundário e "Outro". A forma primordial de "raça" é a "raça branca", e não podemos aceitá-la como ponto de vista neutro e universal a partir do qual uma teoria de raça como "diferença" seria desenvolvida. Nos discursos da política identitária, a categoria de raça branca raramente é teorizada porque acaba sendo instrumentalizada para fundamentar o *privilégio branco*. É uma expressão que carrega contradições desde seu surgimento. Em geral, é associada à autora branca Peggy McIntosh e seu influente artigo "White Privilege: Unpacking the Invisible Knapsack"[029]. Nele, uma tentativa bem-intencionada de

---

[029] O leitor pode encontrar uma versão traduzida na web, com título "Privilégio branco: desfazendo a mochila invisível". (N. T.)

encorajar comportamentos mais civilizados por parte dos brancos, vemos um exemplo claro de um movimento idealista que vai do concreto ao abstrato.

É claro que McIntosh não foi o primeiro a tentar descrever as consequências da branquidade. W.E.B. Du Bois escreveu sobre as vantagens legais e sociais concedidas aos brancos em *Black Reconstruction*:

> **Deve ser lembrado que os trabalhadores brancos, embora recebessem um salário baixo, eram compensados em parte por uma espécie de salário público ou psicológico. A eles eram concedidos deferência pública e títulos de cortesia por serem brancos. Eram admitidos livremente com brancos de todas as classes em cargos públicos, praças públicas e nas melhores escolas. A polícia era composta de pessoas entre eles, e os tribunais, dependentes de seus votos, os tratavam com uma leniência a ponto de encorajar que agissem fora da lei. Seus votos elegiam as autoridades públicas, e, embora isso tivesse pequeno efeito sobre a situação econômica deles, tinha grande efeito sobre o tratamento pessoal e a deferência demonstrada a eles.**[1]

Contudo, o artigo de McIntosh opera num registro muito diferente da pesquisa histórica de Du Bois sobre a composição de classe no pós-Guerra Civil dos Estados Unidos. Isso porque McIntosh se refere ao longo do seu artigo, de forma intercambiável, a "minha raça", "meu grupo racial" e "minha cor de pele". O primeiro "privilégio branco" que ela nomeia é: "Eu posso se quiser estar na companhia de pessoas da minha raça a maior parte do tempo". Outro privilégio é que ela poderia "ir a uma loja de discos e ter certeza de encontrar a música da minha raça representada"[2].

Deixemos de lado o que parece ser uma falta de familiaridade com a história da música popular americana. O que é significativo é a equação entre a cor de pele, a categoria de "raça" e distintos conjuntos de seres humanos.

Com essa equação, a culpa branca reproduz a ficção fundante da raça: que há um fundamento biológico, expresso em fenótipos físicos, para grupos separados de seres humanos que têm culturas e formas de vida separadas. A "raça branca" como uma formação histórica específica é obscurecida pela metáfora da mochila.

McIntosh escreve: "O privilégio branco é como uma mochila invisível e sem peso que traz mantimentos especiais, mapas, passaportes, livros de códigos, vistos, roupas, ferramentas e cheques em branco"[3]. A mochila é carregada por um indivíduo que navega por um campo social totalmente aberto. Ela contém ferramentas que possibilitam ao indivíduo navegar nesse campo com maior eficácia do que aqueles cujas mochilas estão relativamente vazias. Os recursos contidos na mochila constituem a branquidade como privilégio, porque a mochila é carregada por um indivíduo que pertence à identidade branca.

Se a mochila de privilégios é carregada por um indivíduo já identificado como branco, então a branquidade deve ser necessariamente entendida como um traço biológico. A falsidade dessa concepção é evidente: as pessoas que são atualmente descritas como brancas têm uma variedade ampla e complexa de linhagens genéticas, muitas das quais eram anteriormente consideradas "raças" separadas. Como Nell Irvin Painter aponta no seu revelador *The History of White People*: "Durante a maior parte dos últimos séculos – quando a raça realmente se tornou questão de direito – os americanos instruídos acreditavam firmemente na existência de mais de uma raça europeia"[4].

Podemos concluir que houve somente um pequeno erro de entendimento: na verdade, a própria branquidade é constituída pelos conteúdos da mochila. A constituição da branquidade como identidade e sua constituição como privilégio são simultâneas: os mantimentos da mochila conferem não somente vantagens mas também identidade a seu portador.

Mas como sabemos, então, que o conteúdo da identidade conferida tem algo a ver com "branquidade"? Certamente, além dos itens específicos que conferem um privilégio, pode-se achar em qualquer mochila de identidade uma infinidade de detalhes arbitrários: comprimento do cabelo, maneira de andar, dieta preferida, habilidades com computador etc. Isto é, de modo a descrever uma identidade individual, a mochila teria que conter tudo que constitui o ser de um indivíduo particular. Ela não ofereceria nenhuma pista quanto ao princípio organizador que constitui esses traços como algo que pode ser chamado de "branco". Não haveria meio de distinguir características "brancas" das características humanas, das de pensilvanianos ou das de fãs de heavy metal.

Essa é a insuficiência do pensamento liberal. Uma formação política como a branquidade não pode ser explicada a partir da identidade individual – a redução da política à psicologia do eu. O ponto de partida deve ser a estrutura social e suas relações constituintes, nas quais os indivíduos são formados. E é quase sempre esquecido que, décadas antes da mochila de McIntosh, a expressão *privilégio branco* se originou de uma teoria desse tipo.

A teoria do "privilégio da pele branca" foi desenvolvida por membros de uma cisão antirrevisionista do Partido Comunista dos Estados Unidos (o Provisional Organizing Committee[030]), e viria a ter uma enorme influência na New Left e no New Communist Movement[031]. Uma série de artigos de Theodore Allen e Noel

---

030 O Provisional Organizing Committee to Reconstitute a Marxist-Leninist Party (Comitê Provisório pela Reconstituição de um Partido Marxista-Leninista) surgiu em 1958 de um racha do Partido Comunista norte-americano. (N. E.)

031 A New Left (Nova Esquerda), nos Estados Unidos, surgiu nos anos 1950 a partir de movimentos jovens que rejeitavam a esquerda tradicional representada por sindicatos, partidos e organizações marxistas. Existiu principalmente em torno da central estudantil SDS - Students for a Democratic Society (Estudantes pela Sociedade Democrática). Teve papel muito importante na luta pelos direitos civis e contra a Guerra do Vietnã. No correr dos anos 1960, a New Left foi radicalizando, tornando-se cada vez mais anticapitalista e cada vez mais marxista. O New Communist Movement é uma das dissidências que surgem dela, reunindo diversas tendências maoistas. (N. E.)

Ignatiev, reunidos na brochura *White Blindspot*, ofereceu uma formulação inicial. O argumento de Ignatiev e Allen era de que o legado da escravidão constituía na imposição, pela classe dominante, da supremacia branca como um instrumento de divisão de classe e de controle social. Mas se tratava de uma teoria política, não de uma teoria cultural ou moral. Sustentava assim que o "chauvinismo branco" era na verdade prejudicial aos trabalhadores brancos, impedindo a união com os trabalhadores negros. Portanto, a luta contra a supremacia branca era de fato uma parte central de um programa político focado na auto-organização de todos os trabalhadores. Ignatiev afirmava veementemente que "o fim da supremacia branca não é unicamente uma reivindicação dos negros, separada das reivindicações da totalidade da classe trabalhadora". Não podia ser deixado aos trabalhadores negros lutar contra a supremacia branca como sua causa "especial", enquanto os trabalhadores brancos fariam pouco mais do que expressar simpatia e "lutar por suas 'próprias' reivindicações". A luta contra a supremacia branca era central à luta de classes num nível fundamental:

> A ideologia do chauvinismo branco é um veneno burguês voltado principalmente aos trabalhadores brancos, utilizada como arma pela classe dominante para subjugar os trabalhadores negros e brancos. Ela tem sua base material na prática da supremacia branca, um crime não apenas contra não brancos, mas contra todo o proletariado. Portanto, sua eliminação certamente a torna uma das reivindicações de classe de toda a classe trabalhadora. Na verdade, considerando o papel que essa prática vil desempenhou historicamente em frear a luta da classe trabalhadora americana, a luta contra a supremacia branca se torna a tarefa central imediata de toda a classe trabalhadora.[5]

Porém, à medida que essa linguagem foi incorporada pela New Left, ela passou por consideráveis transformações ideológicas. O manifesto, "You Don't Need a Weatherman to Know Which Way the Wind Blows"[032], circulou na turbulenta conferência da Students for a Democratic Society (SDS) de 1969, propondo uma política centrada na culpa branca em vez de uma que defendesse a unidade proletária. O Weather Underground usava a linguagem do "privilégio" para negar a classe trabalhadora como força de transformação revolucionária: "Praticamente toda a classe trabalhadora branca também possui pequenos privilégios vindos do imperialismo. Não se trata de falsos privilégios, mas, sim, de verdadeiros privilégios, os quais lhes dão um naco de interesse nele e os amarra até certo ponto aos imperialistas"[6]. Na prática, isso significou que o Weather Underground reduziu a luta política a grupos de vanguarda como ele próprio, que atacavam seus próprios privilégios adotando um estilo de vida revolucionário. Isso significou na prática a autoflagelação (com explosivos) de radicais brancos, que se colocavam no lugar das massas e narcisicamente centravam a atenção em si mesmos, em vez de centrarem-na nos movimentos negro e do Terceiro Mundo que eles diziam estar apoiando. Convertiam assim esses movimentos em uma fantasia romântica de insurreição violenta. Em outras palavras, o projeto de autonomia e autolibertação negra – o qual implicava a autolibertação geral dos pobres e da classe trabalhadora – foi efetivamente ignorado pelo pensamento racial do Weather Underground.

Ignatiev atacou impiedosamente a problemática do Weatherman num artigo chamado "Without a Science of Navigation We Cannot Sail in Stormy Seas"[033], que hoje ganha ares desconcertantes de revelação:

---

032 "Você não precisa de um meteorologista para saber em que direção o vento sopra", é uma frase da música "Subterranean Homesick Blues", gravada em 1965 por Bob Dylan. O manifesto foi lançado por uma facção da SDS chamada Revolutionary Youth Movement, que a partir daí passou a ser conhecida como Weather Underground, e seus integrantes, Weathermen. (N. T.)

033 "Sem uma ciência da navegação não podemos velejar em mares agitados". (N. T.)

A supremacia branca é o grande segredo do domínio da burguesia e a causa escondida por trás do fracasso do movimento dos trabalhadores neste país. Os privilégios da pele branca servem apenas à burguesia e exatamente por isso ela não nos deixará escapar deles. Em vez disso, nos perseguem com eles em todas as horas de nossa vida, não importa aonde vamos. São iscas venenosas.

Essa visão da supremacia branca implicava numa concepção muito diferente da política de privilégio branco. Como destacou Ignatiev:

> Sugerir que a aceitação do privilégio da pele branca é do interesse dos trabalhadores brancos é equivalente a sugerir que engolir a minhoca com o gancho é do interesse do peixe. Dizer que repudiar esses privilégios é um "sacrifício" é dizer que o peixe está fazendo um sacrifício quando pula da água, agita sua cauda, sacode sua cabeça furiosamente em todas as direções e cospe a oferenda farpada.[7]

A política de privilégio provavelmente não permite uma posição desse tipo hoje em dia. Em vez disso, estamos envoltos em variações infinitas da posição do Weatherman, embora sem os chamados à luta armada, roubos a bancos e a teoria leninista do imperialismo. Quando liberais brancos de hoje em dia adaptam a posição do Weatherman, muitas vezes acabam dizendo que uma nova onda de socialistas "pró-brancos" tem surgido para defender a "classe trabalhadora branca". Mas essa caricatura obscurece um ponto importante, exposto pelos revolucionários negros ao longo da história americana: que o projeto de emancipação requer a superação da ideologia de raça. Embora ele caracterizasse as vantagens materiais da branquidade como um "salário psicológico", W.E.B. Du Bois não reduziu a branquidade a um efeito da psicologia individual. Na verdade, precedendo imediatamente o trecho sobre o salário psicológico, Du Bois escreveu:

> A teoria da raça foi complementada por um método cuidadosamente planejado e lentamente desenvolvido, que levou a um fosso entre os trabalhadores brancos e negros, a ponto de hoje provavelmente não existir no mundo dois grupos de trabalhadores com interesses praticamente idênticos que se odeiem e se temam entre si tão profunda e permanentemente, e que são mantidos tão distantes que nenhum dos dois enxerga qualquer interesse comum.[8]

Quando Du Bois sugere que os trabalhadores brancos e negros possuem "interesses praticamente idênticos", ele não está fazendo um apelo a alguma mítica "classe trabalhadora branca". Muito menos pode ser culpado de algum tipo de "reducionismo de classe", que decidiria abstratamente que classe é mais fundamental do que raça. É claro que algumas pessoas realmente defendem isso – e fazem assim o jogo dos liberais identitários, que logo perguntam como uma moça que fez aborto e o manifestante evangélico ou o imigrante ilegal e o trabalhador assalariado podem ter os mesmos "interesses".

Mas essa objeção sofre do mesmo problema que acusa. Ela faz da descrição casual de um traço em comum uma afirmação de identidade. Todos nós temos inúmeros interesses que estão relacionados a nossas identidades, mas também a onde trabalhamos e onde vivemos. Dizer que essas diferentes esferas da vida interagem e se intersectam é um truísmo banal que não explica nem como nossa sociedade é estruturada e reproduzida, nem como podemos formular uma estratégia para mudar essa estrutura.

Du Bois estava reconhecendo a realidade vivida da classe trabalhadora, que contém pessoas brancas e pessoas de cor, pessoas de todos os gêneros e sexualidades, os empregados e desempregados – uma multidão de pessoas irredutíveis a qualquer descrição única. Entre elas não existe um interesse comum significativo e automático. Não podemos reduzir nenhum grupo de pessoas e as multidões que os grupos contêm a um único interesse comum, como se estivéssemos reduzindo uma fração. Um interesse comum é constituído pela composição dessas multidões em um grupo. Trata-se de um processo de prática política.

A supremacia branca é o fenômeno pelo qual a pluralidade de interesses de um grupo de pessoas é reorganizada na ficção de uma raça branca cuja própria existência é baseada na história violenta e genocida da opressão de pessoas de cor. As lutas auto-organizadas dos oprimidos contra a supremacia branca conseguiram enfraquecer significativamente, embora sem eliminar, esse tipo de organização.

Não foi por acaso que essas lutas levaram à percepção de que era necessário constituir um interesse comum por meio da organização de classe, que se amplia a uma oposição ao sistema capitalista como um todo. Afinal, é a estrutura do sistema capitalista que impede que todas as pessoas que não têm posse dos meios de produção, independentemente de suas identidades, tenham controle sobre suas próprias vidas e satisfaçam os desejos que possam ter, em todas as suas particularidades.

Contudo, isso não significa que um argumento "reducionista de classe" seja uma posição viável. Enquanto a solidariedade racial entre brancos for mais forte do que a solidariedade de classe inter-racial, tanto o capitalismo quanto a branquidade continuarão a existir. No contexto da história norte-americana, a retórica da "classe trabalhadora branca" e os argumentos positivistas de que a classe importa mais do que a raça reforçam um dos principais obstáculos para a construção do socialismo.

Allen e Ignatiev voltaram a essa questão em suas pesquisas, inspirados pelo pensamento de Du Bois. No processo, eles nos mostram um modelo exemplar de pesquisa materialista sobre a ideologia de raça, que vai do abstrato ao concreto. Esse trabalho surgiu ao lado dos de Barbara Fields e Karen Fields, de David

Roediger e de muitos outros, como um corpo de pensamento dedicado a expor a raça como uma construção social. Todas essas pesquisas, de várias formas, examinaram a história da "raça branca" na sua especificidade. A ideia central que deve ser extraída delas é que esse fenômeno racial não é simplesmente um atributo biológico ou mesmo cultural de certas "pessoas brancas": ele foi produzido pela supremacia branca em um processo histórico concreto e objetivo. Como Allen escreve na contracapa de seu extraordinário e tão didático livro *The Invention of the White Race*: "Quando os primeiros africanos chegaram à Virgínia em 1619, não havia brancos lá".

No nível mais imediato, Allen estava apontando para o fato de que a palavra *branco* não apareceria na lei colonial da Virgínia até 1691. É claro que isso não significa que não havia racismo antes de 1691. O que Allen argumenta é que até aquele momento o racismo não estava vinculado a um conceito de raça branca. Havia ideias de que a civilização europeia era superior, mas isso não estava ligado a diferenças na cor da pele.

O exemplo mais claro é o dos irlandeses, cuja opressão racial pelos ingleses precede em vários séculos sua opressão racial sobre os africanos. Hoje em dia, os nacionalistas brancos distorcem a história, tentando usar a opressão racial dos irlandeses para descartar a história da supremacia branca. No entanto, o exemplo dos irlandeses na verdade destrói toda a base dessa argumentação. O que esse exemplo ilustra é uma forma de opressão racial que não é baseada na cor da pele e que na verdade precede a própria categoria de branquidade.

De fato, as primeiras formas de ideologia racial inglesa representavam os irlandeses como inferiores e sub-humanos. E essa ideologia foi mais tarde repetida palavra por palavra para justificar tanto o genocídio indígena nas Américas quanto a escravização dos africanos. Nem era apenas uma questão de palavras: as próprias práticas de colonização, apreensão de terras e produção agrícola foram estabelecidas na Irlanda. Allen mostra isso fazendo referência a leis específicas:

Sob a escravidão anglo-americana "o estupro da mulher escrava não era crime, mas, sim, uma mera transgressão da propriedade do dono", de modo que, em 1278, dois anglo-normandos levados ao tribunal e acusados de estuprar Margaret O'Rorke foram absolvidos porque "a dita Margaret é uma mulher irlandesa". Se uma lei decretada na Virgínia em 1723 dizia que "o assassinato de um escravo não é punível", pela lei anglo-normanda bastava para absolvição mostrar que a vítima de um assassinato era irlandesa. Sacerdotes anglo-normandos concediam absolvição com base em que "não é mais pecado matar um irlandês do que matar um cachorro ou outra besta."[9]

Portanto, a opressão racial surge no caso irlandês sem base na cor da pele. Somos forçados a perguntar como chegamos a uma ideologia racial que gira em torno da cor da pele, que representa os africanos como sub-humanos e que considera tanto os irlandeses quanto os ingleses como parte de uma unitária "raça branca".

O registro histórico mostra muito claramente que a supremacia branca e, portanto, a raça branca são formadas na transição americana ao capitalismo. Especificamente por causa da centralidade da escravidão racial. Porém, temos que resistir à tentação, imposta sobre nós pela ideologia racial, de explicar a escravidão pela raça. A escravidão nem sempre é racial. Ela existiu na Grécia e na Roma antigas e também na África, e não estava vinculada especificamente a uma ideologia racial. A escravidão é uma forma de trabalho forçado caracterizada pela troca mercantil do trabalhador. Mas há várias formas de trabalho forçado, e sua primeira forma na Virgínia foi o trabalho por dívida, no qual um trabalhador é forçado a trabalhar por um período de tempo para pagar uma dívida, frequentemente com um incentivo após o fim, como ganhar a propriedade da terra. Os primeiros africanos a chegar à Virgínia em 1619 foram postos para trabalhar como servos por dívida, na mesma categoria legal dos servos por dívida europeus. Na verdade, até 1660 todos os trabalhadores afro-americanos, como seus colegas euro-americanos, eram servos por dívida que tinham prazos de servidão limitados. Não havia diferenciação legal baseada na ideologia racial: afro-americanos livres possuíam propriedade, terra e algumas vezes servos por dívida para si. Havia exemplos de casamentos entre europeus e africanos. Foi somente no final do século XVII que a força de trabalho das colônias americanas mudou de forma decisiva se constituindo de escravos africanos que não tinham prazos limitados de servidão.

Como Painter aponta em *The History of White People*, essas formas de trabalho e suas transformações são fundamentais ao entendimento de como a ideologia racial nasce:

> O trabalho tem um papel central no discurso racial, pois as pessoas que executam o trabalho tendem a ser percebidas como inerentemente merecedoras da carga e da pobreza do status de trabalhador. Erradamente ainda se considera que a escravidão em qualquer lugar do mundo se sustenta numa concepção de diferença racial. Inúmeras vezes as classes mais altas concluíram que essas pessoas mereciam essa sorte; devia ser algo inerente a elas que as colocavam na base da pirâmide social. Nos tempos atuais, reconhecemos esse tipo de raciocínio como relacionado à raça negra, mas em outras épocas a mesma lógica era aplicada a pessoas que eram brancas, especialmente quando eram imigrantes pobres buscando trabalho.[10]

"Em suma", escreve Painter, "antes da explosão do comércio de escravos africanos no século XVIII, entre metade e dois terços de todos os primeiros imigrantes brancos das colônias britânicas no hemisfério ocidental vieram como trabalhadores não livres. Cerca de 300 a 400 mil pessoas"[11]. As definições de branquidade como liberdade e negritude como escravidão ainda não existiam.

Acontece que definir raça envolve responder a algumas questões históricas inesperadas: como alguns servos por dívida foram forçados à escravidão por toda a vida em vez de por um prazo limitado? Como essa categoria de trabalho forçado veio a ser representada em termos de raça? Por que a classe dominante colonial passou a depender da escravidão racial se vários outros regimes de trabalho eram viáveis?

A primeira expansão econômica das colônias norte-americanas foi com a produção de tabaco da Virgínia na década de 1620 e se baseou principalmente no trabalho de servos por dívida europeus. Afro-americanos formavam apenas um quinto da força de trabalho: a maior parte do trabalho forçado era inicialmente europeu, e a classe dos fazendeiros coloniais dependia desse trabalho forçado para seu crescimento econômico. Mas ela não podia depender apenas do trabalho por dívida europeu, pois ele se baseava na migração voluntária. E o incentivo para viver uma vida de trabalho brutal e de morte precoce não era suficiente para gerar um crescimento constante da força de trabalho. Como Barbara Fields ressalta: "Nem a pele branca e nem a nacionalidade inglesa protegiam os servos das formas mais grosseiras de brutalidade e exploração. A única degradação a que foram poupados foi a escravidão perpétua e suas consequências, destino que finalmente se abateu sobre os descendentes africanos"[12].

Afro-americanos, por outro lado, foram retirados à força das suas terras natais. Então a classe dominante começou a alterar as leis para poder negar a alguns trabalhadores um fim do prazo de servidão, o que ela só conseguiu alcançar no caso dos trabalhadores africanos. O que realmente mudou tudo foi a Revolta de Bacon em 1676. Ela começou como um conflito entre a elite formada pela classe dos fazendeiros, mas por fim resultou em um ataque brutal à população indígena. Porém, ela também deu origem a uma rebelião de trabalhadores europeus e africanos, que queimaram Jamestown, a capital da colônia, e forçaram o governador a fugir.

A aliança insurrecional de trabalhadores europeus e africanos foi uma ameaça fundamental para a existência da classe dominante colonial. A possibilidade dessa aliança entre os povos explorados tinha que ser impedida para sempre. Aqui vemos um momento decisivo no longo e complexo processo de invenção da raça branca como forma de controle social. A classe dominante mudou decisivamente sua força de trabalho para escravizados africanos, evitando assim lidar com a reivindicação de liberdade e posse de terra dos servos por dívida. Isso fortaleceu a branquidade como categoria legal, base essa para negar um prazo à servidão do trabalho forçado africano. No século XVIII a classe de fazendeiros euro-americana fez uma negociação com as classes trabalhadoras euro-americanas, as quais eram na maior parte formadas por agricultores de subsistência autônomos: ela trocou certos privilégios sociais por uma aliança interclasses de euro-americanos para manter uma força de trabalho africana superexplorada. Essa aliança racial euro-americana foi a melhor defesa da classe dominante contra a possibilidade de uma aliança entre a classe trabalhadora euro-americana e a afro-americana. É nesse ponto, conclui Nell Painter, que vemos a "agora familiar equação que converte raça a negro e negro a escravo"[13].

A invenção da raça branca se acelerou quando a classe dominante euro-americana se deparou com um novo problema no século XVIII. À medida que a classe dominante colonial começou a exigir sua independência das autoridades divinamente estabelecidas e da riqueza territorial da nobreza inglesa, ela passou a reivindicar a igualdade intrínseca de todas as pessoas e a defender a ideia de direitos naturais. Como Barbara Fields apontou:

> **A ideologia racial forneceu os meios de justificar a escravidão para pessoas cuja terra era a república fundada nas doutrinas radicais de liberdade e direitos naturais. Ainda mais importante, uma república na qual essas doutrinas pareciam representar com precisão o mundo no qual todos a não**

ser uma minoria viviam. Somente quando a negação da liberdade se tornou uma anomalia aparente até mesmo aos membros menos observadores e reflexivos da sociedade euro-americana que a ideologia justificou sistematicamente a anomalia.[14]

Em outras palavras, a classe dominante euro-americana teve que desenvolver uma ideologia da inferioridade dos africanos de modo a racionalizar o trabalho forçado e teve que incorporar os povos europeus na categoria de raça branca, apesar do fato de que muitos desses povos tinham sido considerados inferiores anteriormente.

Essa ideologia racial se desenvolveu ainda mais à medida que a nova nação norte-americana se deparou com o fenômeno da migração voluntária de trabalhadores livres vindos da Europa. Muitos dos quais vieram de povos que eram vistos como raças europeias distintas: italianos, europeus orientais e judeus. Mas o caso mais exemplar é o dos irlandeses, cuja emigração aos Estados Unidos aumentou com a fome no meio do século XIX produzida pelo colonialismo inglês.

Aos irlandeses, que estavam entre os grupos mais oprimidos e rebeldes da Europa, foi oferecida a barganha que protegeu a classe dominante americana. Frederick Douglass[034] apontou isso muito claramente em 1853, na reunião de aniversário da American and Foreign Anti-Slavery Society em Nova York:

> Os irlandeses, que em casa prontamente simpatizavam com os oprimidos de todos os lugares, são instantaneamente ensinados a odiar e desprezar os negros quando pisam em nosso solo. São ensinados a acreditar que os negros comem o pão que pertence a eles. Uma mentira cruel é dita a eles, de que tiramos o emprego deles e recebemos o dinheiro que de

---

034 Frederick Douglass (1818-1895), depois de escapar da escravidão, tornou-se o mais importante abolicionista dos Estados Unidos. (N. E.)

outra forma iria para seus bolsos. Senhor, os irlando-americanos descobrirão seu erro um dia."[15]

Douglass havia ido à Irlanda para evitar ser devolvido à escravidão e disse que foi pela primeira vez na sua vida tratado como uma pessoa comum, exclamando numa carta ao abolicionista Willian Lloyd Garrison: "Respiro e eis! O objeto se torna um homem... Nada encontro para me lembrar da minha cor de pele"[16]. É claro, não se tratava de uma bondade intrínseca dos irlandeses. Era porque, nessa altura da história, não havia brancos lá. Isso era claro para Douglass porque ele chegou durante a Grande Fome[035]. Escrevendo nas suas memórias de canções de escravos das fazendas americanas, acrescentou: "Em nenhum lugar fora da querida e velha Irlanda, nos dias de necessidade e fome, ouvi sons tão lúgubres"[17].

Mas os imigrantes irlandeses perceberam ao chegarem aos Estados Unidos que podiam aliviar sua subordinação se juntando ao clube da raça branca, como contou Ignatiev[18]. Eles podiam se tornar membros de uma "raça branca", com maior status, se apoiassem ativamente a contínua escravização e opressão dos afro-americanos. Portanto, o processo de se tornar branco significou que essas prévias categorias raciais foram abolidas e grupos racializados como os irlandeses foram progressivamente incorporados à raça branca como forma de fortalecer e intensificar a exploração dos trabalhadores negros.

Foi uma grande sacada de Frederick Douglass descrever esse processo como um erro dos irlando-americanos. Douglass enfatizava claramente a novidade da própria descrição das pessoas como brancas: "A palavra *branco* é recente na legislação deste país. Ela nunca foi usada nos melhores dias da república, mas apareceu no período da nossa degeneração nacional"[19]. Sejamos claros no que significou a invenção da raça branca. Significou uma forma de controle social imposta pela classe dominante euro-americana

[035] Período de fome, doenças e emigração em massa na Irlanda entre 1845 e 1849. (N. T.)

para evitar que os trabalhadores euro-americanos se unissem aos trabalhadores afro-americanos em rebelião. Em troca do privilégio da pele branca, os trabalhadores euro-americanos aceitaram a identidade branca e se tornaram agentes ativos na brutal opressão aos trabalhadores afro-americanos. Mas eles também degradaram fundamentalmente suas próprias condições de vida. Como consequência desse toma lá dá cá com seus exploradores, permitiram que as condições dos trabalhadores brancos do Sul se tornassem as piores da nação e criaram as condições que bloquearam o desenvolvimento de um possível movimento de massa de trabalhadores.

É por isso que a luta contra a supremacia branca foi de fato uma luta pela emancipação universal – algo que era evidente para os afro-americanos insurgentes. Como Barbara Fields aponta, esses insurgentes não usavam uma noção de raça como explicação da sua opressão ou de suas lutas por libertação:

> **Não foram os afro-americanos... que precisaram de uma explicação racial. Não foram eles que se inventaram como uma raça. Os euro-americanos resolveram a contradição entre a escravidão e a liberdade definindo os afro-americanos como uma raça. Os afro-americanos resolveram a contradição de maneira mais direta, pedindo a abolição da escravidão. Da era das revoluções americana, francesa e haitiana em diante, eles reivindicavam a liberdade como sendo deles por direito natural.**[20]

Contudo, nem sempre era assim que os movimentos socialistas viam a questão. Socialistas americanos no final do século XIX e início do século XX às vezes não conseguiam perceber que a divisão entre trabalhadores brancos e negros impedia que os trabalhadores como um todo conseguissem se emancipar. Não devemos simplificar demais esse ponto ou usá-lo para descrédito da história do movimento dos trabalhadores como um todo. Os primeiros partidos socialistas eram em grande parte compostos de imigrantes que muitas vezes não estavam ainda totalmente incorporados à raça branca, e havia muitos socialistas negros bem conhecidos – incluindo, por exemplo, Hubert Harrison, que teve um importante papel em ligar o nacionalismo negro ao socialismo no início do século XX. A maioria dos primeiros socialistas norte-americanos não era racista e de fato se opunha ao racismo de maneira aberta e veemente.

Porém, a maioria dessas primeiras organizações socialistas não conseguiu reconhecer que havia algo singular nas demandas dos trabalhadores negros. Elas também se dispunham a atuar com sindicatos que discriminavam trabalhadores negros, além de não se esforçarem para recrutar membros entre os negros. Sem uma análise da supremacia branca, essas organizações socialistas não abordavam o fato de os trabalhadores negros serem normalmente excluídos de empregos disponíveis para brancos, de estarem sujeitos à violência racista fora do local de trabalho e de não poderem esperar que os patrões racistas estendessem aumentos salariais a eles.

O custo dessa indiferença com a raça foi que o socialismo acabou tendo sempre que concorrer com a branquidade para angariar membros. Os novos imigrantes europeus eram com frequência bastante radicais e preparados para se juntar às lutas dos trabalhadores. Mas eles também eram convidados a se juntar à raça branca. Mais uma vez, no caso dos irlandeses, isso significava deixar para trás uma opressão racial que era familiar a eles na Europa.

Essa realidade começou a mudar com a reconfiguração dos socialistas norte-americanos no Partido Comunista em 1919. Na década de 1920 o PC incorporou não apenas muitos imigrantes socialistas, mas também a organização clandestina chamada African Blood Brotherhood, que incluía muitos comunistas negros importantes, como Cyril Briggs, Claude McKay e Harry Haywood. Esses comunistas negros foram absolutamente centrais na organização dos comunistas. Isso porque afirmavam que o partido tinha que atacar diretamente a branquidade se ele quisesse construir um movimento de trabalhadores. Como resultado desse trabalho, o PC se jogou na mobilização antirracista no final dos anos 1920 e início da década de 1930.

Primeiramente, isso significou colocar uma ênfase pesada na educação dos membros brancos de modo a rejeitarem o chauvinismo branco, além da organização de alguns dos poucos eventos sociais inter-raciais que ocorreram nos Estados Unidos segregado. O partido se esforçou para eliminar a influência da branquidade nas suas fileiras. Também enviou seus militantes para o Sul e aos bairros negros das cidades do Norte, para organizarem projetos políticos. Projetos que incluíam sindicatos de agricultores, mineiros e metalúrgicos; defesa armada contra linchamentos; defesa legal para as vítimas do sistema jurídico racista; e movimentos contra o desemprego, despejos e interrupções de serviços de utilidade pública. Robin D.G. Kelley descreve algumas dessas iniciativas em *Hammer and Hoe*:

> Representantes da associação de desempregados muitas vezes dissuadiam os proprietários de despejar seus inquilinos descrevendo o possível desmanche que ocorreria, uma vez que uma casa abandonada se tornava uma fonte gratuita de lenha para qualquer um. Quando a energia elétrica de uma família era desligada por falta de pagamento, ativistas da associação de desempregados costumavam fazer ligações clandestinas de locais públicos ou de outras casas, usando fios de cobre grossos. Os membros da associação também encontravam maneiras de reabrir a água após ela ser cortada, embora esse processo fosse mais complicado do que roubar energia elétrica. E, pelo menos uma vez, um grupo de mulheres negras fez ameaças verbais para que um funcionário municipal não desligasse a água de uma família.[21]

Infelizmente, a complicada história das disputas políticas internas do PC, junto com a repressão estatal ao movimento comunista, fez com que esse trabalho fosse interrompido. À medida que uma direção do partido cada vez mais conservadora se distanciava do projeto de libertação negra, o chauvinismo branco crescia no PC. Anteriormente esse chauvinismo foi combatido mais eficazmente através da organização de massa antirracista: reunindo diferentes pessoas e demandas díspares numa luta comum. Mas com essa prática tendo sido abandonada, o partido lançou o que Harry Haywood chamou de uma "guerra de araque contra o chauvinismo".

Na análise de Haywood, essa guerra de araque terminava apenas fortalecendo as bases materiais do chauvinismo branco, agora arrancado de suas bases estruturais e concebido como um conjunto de ideias suspensas no ar. Em vez da organização de massa, opor-se ao chauvinismo branco era visto agora como uma questão de policiar a linguagem daqueles que eram a princípio camaradas, fortalecendo assim a burocracia do partido e introduzindo um clima de paranoia e desconfiança entre os membros. Como Haywood escreveu:

> Era uma atmosfera propícia para o desenvolvimento de uma forma particularmente paternalista de chauvinismo branco, assim como para o crescimento de um nacionalismo estreito e pequeno-burguês entre os negros. O crescimento desse lado nacionalista esteve diretamente ligado ao colapso da divisão de trabalho básica entre comunistas em relação à questão nacional. Essa divisão do trabalho, há muito tempo estabelecida no nosso partido e no movimento comunista internacional, coloca a responsabilidade principal de combater o chauvinismo branco aos camaradas brancos, enquanto os negros têm como responsabilidade principal combater os desvios nacionalistas tacanhos.[22]

Em outras palavras, na ausência de organização de massa, a ideologia racial corre para preencher o vácuo. E sem a divisão política de trabalho que Haywood descreve, a luta contra o racismo fica reduzida à reparação de lesões individuais.

Evidentemente, é por isso que as reações à crítica da política identitária podem ser tão ásperas. Quando não há outro esforço organizativo para combater o racismo, qualquer questionamento da concepção de identidade pode parecer uma tentativa de negar a validade da luta antirracista. Na verdade, mais do que isso. Questionar a própria ideologia racial pode parecer uma negação da capacidade de agir dos oprimidos. No livro que virou referência *Against Race*, Paul Gilroy descreve como essa reação defensiva surge de uma relação ambivalente que os oprimidos têm com sua identidade:

> **Pessoas que foram subordinadas pelo pensamento racial e suas estruturas sociais distintivas (nem todas por códigos de cor) empregaram por séculos os conceitos e categorias dos dominantes, dos proprietários e dos perseguidores para resistir ao destino que a "raça" colocou a elas, assim como para se opor ao baixo valor que davam a suas vidas. Sob as condições mais difíceis e a partir dos materiais precários que certamente não teriam selecionado se pudessem ter escolhido, esses grupos oprimidos construíram tradições complexas na política, ética, identidade e cultura.**

Classificando essas tradições dentro das categorias de "raça", seus papéis na formação da nossa modernidade global foram marginalizados, relegados "aos rincões do mundo primitivo e pré-político". Afirmar e defender essas tradições reforça a ideologia racial, mas também fornece uma forma de defesa e proteção. As experiências de "insulto, brutalidade e desprezo" são "inesperadamente transformadas em importantes fontes de solidariedade, alegria e força coletiva". Essa conversão, como Gilroy explica, é um poderoso fator da persistência da ideologia racial: "Quando ideias de particularidade racial são convertidas desse jeito defensivo, de modo que forneçam uma fonte de orgulho em vez de vergonha e humilhação, torna-se difícil renunciar a elas. Para muitos povos racializados, a 'raça' e as identidades de oposição duramente conquistadas que ela sustenta não são algo para se abandonar facilmente ou rapidamente"[23]. Mas essa dinâmica não está relacionada apenas à autodefesa consciente do oprimido. Ela está enraizada no inconsciente, como a ideologia sempre está, e nos leva de volta à relação paradoxal entre subjetivação e sujeição que Judith Butler mostrou ser tão central à ideologia e às formas modernas de política. Um aspecto fundamental desse paradoxo do sujeito, afirma Butler, é que ele está ligado a um "apego apaixonado" ao poder. Esse é o tipo de apego que as crianças demonstram em relação aos pais, que são uma autoridade arbitrária repressora, mas também aos modelos de indivíduo e às primeiras fontes de reconhecimento e, portanto, objetos do amor.

Somos constituídos como sujeitos na individualização que é característica do poder do Estado. Somos ativados como agentes políticos através das lesões que são constituintes da nossa identidade. Consequentemente, nossas identidades nos vinculam a esse poder de um modo básico e fundamental. Esse aspecto complicado e inconsciente na nossa experiência política é o que Butler tenta capturar:

> **Chamado por um nome ofensivo, me torno um ser social. E porque tenho um certo e inevitável vínculo com a minha existência, porque um certo narcisismo se apodera de qualquer termo que confira existência, sou levada a adotar os termos que me ofendem porque eles me constituem socialmente. A trajetória autocolonizadora de certas formas de política identitária são sintomáticas dessa adoção paradoxal dos termos ofensivos.**[24]

À medida que tentamos entender a forma específica do apego apaixonado à identidade racial, temos que passar pelo nebuloso terreno do inconsciente – o terreno da poesia, da fantasia e da ilusão.

4.
PASSING[036]

No verão de 2015, a definição de raça se tornou um escândalo nacional com o caso de Rachel Dolezal. Professora em estudos afro-americanos na Universidade de Eastern Washington e presidente da NAACP de Spokane, Dolezal era uma mulher branca de Montana se *passando* por negra. "Me identifico como negra", disse ela no *Today Show*, invocando assim seu direito soberano como indivíduo, a partir da concepção de identidade. Embora essa revelação tenha provocado perplexidade e indignação, o escândalo em torno dela revelou a dificuldade de elaborar uma crítica coerente e consistente da sua afirmação de identidade.

---

036 O termo *passing* foi mantido em inglês nos casos em que sua tradução seria como substantivo. Por não haver nenhum correspondente próximo em português e por já estar sendo usado no original, em textos em português. O sentido original da expressão, que é também o sentido usado por Asad Haider, se reporta à passagem racial, em que o afro-americano passa por branco ou passa a ser como branco, isto é, se integra ou se insere na sociedade ou meio social dos brancos. (N. T.)

Foi quando a emergente indústria de denúncias das mídias sociais se voltou contra Dolezal que peguei *A marca humana*, de Philip Roth. Livro que narrava já no final da era Clinton um cenário invertido. No fictício Athena College, o professor de estudos clássicos Coleman Silk nota que dois estudantes da lista faltaram todo o semestre e então pergunta: "Eles são reais ou são *spooks*[037]?" Essa palavra, *spooks*, estabelece imediatamente um problema de interpretação: a presença fantasmagórica de alunos ausentes ou uma ofensa racial de um professor insensível?

À medida que o romance avança, descobrimos que Silk é na verdade um homem negro de pele clara que passou a vida toda se *passando* por branco – um "ato singular de criação", como Roth coloca, o qual Dolezal mais tarde repetiu só que na direção oposta[1]. Nos Estados Unidos da década de 1990 não é a identidade negra escondida de Silk que destrói sua vida e sua reputação, mas a acusação ontológica irrefutável de racismo antinegro. O romance traça a passagem histórica que vai dos custos pessoais da segregação às contradições do multiculturalismo liberal, que aparecem na transformação de Silk e na narrativa da sua ruína acadêmica.

Como Michael Kimmage argutamente demonstra, na Trilogia Americana[038] Roth revela os alicerces históricos da identidade à medida que memórias pessoais da história dos Estados Unidos são recontadas e renarradas por seu alter ego, o escritor Nathan Zuckerman[2]. A trilogia mostra que há algo além da nossa experiência individual nas nossas formas de identidade: elas são representações imaginárias das nossas situações reais, das transformações estruturais e das práticas políticas que respondem a elas. A ficção nos fornece uma janela única para essa nebulosa relação.

---

037 *Spook* significa fantasma, mas também é uma expressão ofensiva e depreciativa direcionada aos negros. Deixada aqui no original, *spook* tem na frase esses dois possíveis significados de modo que não há palavra em português que expresse essas duas mesmas possibilidades, fundamentais na ideia que o autor está desenvolvendo. (N. T.)

038 A Trilogia Americana (que Kimmage prefere chamar Trilogia de Newark) é formada pelos livros *Pastoral americana* (1997), *Casei com um comunista* (1998) e *A marca humana* (2000). (N. E.)

Na "experiência vivida" de seus personagens, vemos como os indivíduos percebem mudanças históricas abrangentes, diferentes de suas esperanças, anseios e desejos.

O arco da Trilogia Americana segue a ascensão e o declínio do crescimento econômico do pós-guerra e a ideologia norte-americana de sucesso pelo próprio esforço. Ideologia essa que serve como base da aspiração à "etnia" branca, de modo a se integrar nos meios sociais dominantes. Em *Casei com um comunista*, Roth traça os esforços de comunistas e sindicalistas judeus para introduzir o ideal de igualdade social no sonho americano – uma versão pessoal do pensamento da Frente Popular de que "O Comunismo é o Americanismo do Século XX"[039]. Roth ressalta que o resultado direto desses esforços foi os comunistas terem desempenhado um papel central na luta pelos direitos civis dos negros. Mas a busca da igualdade americana, a qual Roth admira, é fragilizada na sua narrativa pela obstinada fidelidade a um programa político, o que o incomoda, para ser por fim totalmente destruída pelo macarthismo.

E então os anos 1960. O livro *Pastoral americana* já tinha traçado a vida de um judeu assimilado, "Swede" Levov, que alcançou o sonho americano de sucesso pessoal. Na sequência assiste à economia fordista, que possibilitou esse sonho, ser despedaçada pelos conflitos urbanos, pelas reverberações da segregação e do racismo, pelos custos sociais da guerra imperialista prolongada e pelo grande declínio do emprego industrial. Na ausência de uma ligação a um anseio nacional ou popular ao qual o Partido Comunista aspirou um dia, o engajamento desesperado da filha de Swede Levov numa política de transformação social acaba no voluntarismo dogmático e na violência, no estilo de terrorismo do Weather Underground.

Os Estados Unidos que emergem dessa história refletem o clima absurdo e despolitizado de *A marca humana*. Com a

---

[039] Slogan cunhado por Earl Browder (1891-1973), chefão do Partido Comunista norte-americano nos anos 1930 e 1940. (N. E.)

possibilidade de integrar a igualdade social à cultura americana destruída pela repressão política e pelo declínio industrial, a política é reduzida a uma angustiante performance de autenticidade. O policiamento da identidade pessoal agora une o macarthismo e as sobras da New Left, lembrando, numa reviravolta histórica bizarra, a "guerra de araque" contra a supremacia branca que Harry Haywood identificou no afastamento do Partido Comunista das lutas de massa. Se o "pessoal é político", é no sentido de que somos deixados sem prática política fora da criação da nossa própria identidade pessoal e da vigilância da identidade dos outros.

A ambivalência de Roth – sua observação atenta da realidade histórica da segregação e das amplas consequências sociais da história econômica do pós-guerra nos Estados Unidos, combinada com um desespero cínico pela despolitização que se seguiu – o levou a um aguçado diagnóstico da experiência do presente. No entanto, esse diagnóstico não é capaz de substituir o tipo de análise histórica e de resposta política que o presente requer. Esse dilema foi ilustrado incrivelmente em 1964, numa discussão entre Roth e o poeta e militante negro Amiri Baraka, então ainda conhecido como LeRoi Jones.

A discussão começou com a resenha negativa de Roth da peça de Jones *The Dutchman*, junto com *Blues for Mister*, de James Baldwin, na *New York Review of Books*. *The Dutchman* apresentava uma alegoria teatral dos problemas do integracionismo liberal e da traição sedutora do mundo dos brancos. A resenha negativa de Roth mostra que ele não compreendeu de verdade a crítica política da peça. No entanto, o tema que se tornou o verdadeiro ponto de discórdia traz uma luz importante. Trata-se da especulação de Roth de que Baraka/Jones escreveu *The Dutchman* para um público branco, "não para que eles sentissem pena ou medo, mas para se sentirem humilhados e com ódio de si mesmos". Jones retrucou numa carta agressiva: "O que de mais podre que sai da cabeça de 'acadêmicos' liberais como você é a consideração de que sua própria visão distorcida do mundo é de algum modo mais profunda do que a de brancos racistas"[3].

Como os personagens nos romances de Roth, as biografias dessas duas figuras e suas representações fictícias de suas experiências revelam processos maiores de mudança social. A revelação é ainda mais dramática uma vez que suas vidas e trabalhos giraram em torno da mesma cidade: Newark, no estado de Nova Jersey, um microcosmo da história urbana e industrial dos Estados Unidos e das mutações de identidade.

Roth, nascido em Newark apenas um ano antes de Baraka, teve uma experiência da cidade que divergiu daquela de Baraka ao longo de linhas previsíveis. Larry Schwartz aponta que a juventude de Roth no bairro judeu de Weequahic foi parte do breve período de trégua do longo e precoce declínio industrial da cidade – que retornou com força nos anos 1950, juntamente com a imigração de negros e a revoada de brancos. A nostalgia de Roth por esse período leva a uma estranha romantização ingênua do mundo, obscurecendo as desigualdades raciais e de classe da cidade. Como Schwartz coloca: "Quando imagina a política racial de Newark, Roth, o realista contundente, pensativo e irônico, se torna um 'utópico' conservador – submerso nas combinações de sua consciência liberal e de direitos civis e seu sentimentalismo por Weequahic"[4].

Porém, a briga de Roth com sua própria identidade judia de Nova Jersey o sujeitaria ao policiamento religioso e cultural daquela comunidade. Em um evento promovido pela Universidade Yeshiva[040] em 1962 sobre "a crise de consciência em escritores de ficção de minorias", do qual ele participou junto com o também escritor Ralph Ellison, Roth foi vaiado por parte da plateia, quase agredido fisicamente e acusado de ser um "judeu com ódio de si mesmo". O motivo da fúria de parte da comunidade judaica local era uma das histórias do livro *Goodbye, Columbus* (1959). Mais tarde Roth escreveria no prefácio da edição de trigésimo aniversário desse livro sobre "a ambiguidade que estimularia sua imaginação": "o desejo de repudiar e o desejo de abraçar, um senso de lealdade e a necessidade de se rebelar, o sonho sedutor de escapar

---

040 Universidade judaica de Nova York. (N. E.)

para o desafiador desconhecido e o contrassonho de segurar firme o que é familiar"[5].

No caso de Roth, uma inclinação para o tipo de crítica social que brota do estranhamento não o levou a um caminho politizante, mas o levou a uma aguçada sensibilidade pelas ideologias identitárias, rompendo sua individualidade nostálgica. O que a sua resenha de *The Dutchman* captou com precisão, apesar de sua evasão política, foi a relação peculiar do autor com seu público – a branquidade do seu público, fonte do conflito interno de LeRoi Jones. *The Dutchman* era parte de uma insurreição estética de Jones contra o seu próprio ambiente branco do Village e, de fato, contra sua própria internalização de seus padrões de identidade.

Porém, Roth não compreendeu que *The Dutchman*, encenado a primeira vez apenas alguns meses antes da aprovação do Civil Rights Act em 1964, era em si uma análise significativa da relação entre identidade e política naquele momento histórico. O protagonista, Clay, um intelectual de classe média quase assimilado, é forçado a aceitar sua identidade negra e supera suas aspirações à branquidade com uma intensa revolta. No entanto, como Baraka sugere, uma vez que essa revolta é individual, ela não pode ser bem-sucedida: Clay acaba assassinado.

A própria vida de Baraka representou uma passagem da revolta individual à organização coletiva, indo da política do nacionalismo negro baseada na identidade ao universalismo marxista. Ele foi rebatizado Ameer Barakat pelo imã Haji Heshaam Jaaber (o mesmo que conduziu o funeral de Malcolm X), e o novo nome foi depois "swahilizado" por Ron Karenga e passou a ser Amiri Baraka, mas, desde o início, desde quando ainda era Everett LeRoi Jones, esteve atolado em uma crise de identidade.

Sua autobiografia relembra uma infância marcada por uma espécie de gradação de negro, pardo, amarelo e branco: "Essas são algumas cores básicas da minha vida, na minha vida. Uma espécie de análise de classe pessoal, embora bastante objetiva, que corresponde à verdadeira merda que rola nas ruas, nessas casas e em algumas cabeças". A existência "parda" da família de Jones em Newark não foi bem a incorporação "amarela"[041] na vida profissional de brancos de classe média, nem foi a vida negra dos "condenados, dos deixados para trás, dos deixados de fora"[6]. Com pais que trabalhavam em escritórios e dias passados com alunos e professores brancos na escola, ele viveu as diferenças de classe na comunidade negra em termos ambíguos e codificados por cores.

Foi a educação de Jones, sua formação como intelectual, que o levaria à ponta mais clara da gradação de cores. Deixando a branca e alienante Universidade Rutgers, ele passou pelo mundo pardo e amarelo da Universidade Howard, onde conheceu a futura "burguesia negra" em meio à sua vida social e nos cursos de E. Franklin Frazier[042]. Depois de largar a universidade e começar um período frustrante na Força Aérea, passou a ler intensamente e desenvolveu interesse em se tornar escritor. Mas foi difícil para Jones se reconhecer nesse papel. Como contou: "Minha leitura era, em geral, de brancos... De modo que minha ascensão a uma postura intelectual idealizada era ao mesmo tempo uma jornada em direção a um embranquecimento que eu não podia entender". "Palavras de brancos" prenderam-no a um "emaranhado de não-eu": "Uma criação de não--eu em que você se torna diferente de você como você. Em que os arreios da vida do negro são afrouxados e você flui livremente, pensa, pela grande e ensolarada viagem intelectual. Absorvendo, devorando, enchendo-se com reflexões do *outro*"[7].

Quando Jones finalmente foi morar em Greenwich Village, o embranquecimento atingiu seu ápice. Numa introdução à sua coletânea de ensaios de 1965, *Home*, ele escreveu: "Tendo aprendido que arte era 'o que homens brancos fazem', quase me tornei um para ter uma chance"[8]. Qualquer sucesso pessoal para Jones como intelectual significava, portanto, uma espécie de *passing*. Seus primeiros e célebres poemas estão impregnados da

---

041 Aqui a palavra no original, *yellow*, ganha outro sentido para além da cor (e da cor da pele dos asiáticos). Também é adjetivo com significado de algo feliz ou positivo. (N.T.)

042 Edward Franklin Frazier (1894-1962) foi um dos maiores sociólogos dos Estados Unidos no século XX. Seu clássico *The Black Bourgeoisie* (1955) questiona a efetividade do chamado empreendedorismo afro-americano como forma de combater o racismo. (N. E.)

experiência de um ser dividido, preso entre sua vivência do racismo e seu círculo social inteiramente branco:

> Estou dentro de alguém
> que me odeia. Olho
> pelos olhos dele[9]

Mas quaisquer ambições à branquidade não se ajustavam à sua emergente consciência política. Sua viagem em 1960 para a Cuba pós-revolucionária, sua prisão num protesto na ONU contra o assassinato de Patrice Lumumba[043] e a explosão de fúria diante do assassinato de Malcolm X: tudo foi deixando Jones cada vez mais insatisfeito com uma arte apolítica.

À medida que a luta política dos negros crescia em intensidade, Jones não podia mais manter seu ser dividido. Passou a abraçar o separatismo negro e atacou os brancos através de sua prática política e de sua poesia. Num caso particularmente famoso, num evento no Village após as revoltas do Harlem de 1964, quando uma mulher branca empolgada lhe perguntou se havia alguma maneira de os brancos ajudarem, Jones respondeu: "Você pode ajudar morrendo. Você é um câncer". Quando outro membro do público lembrou que dois brancos, ativistas pelos direitos civis, haviam sido assassinados recentemente pela Ku Klux Klan no Mississipi, Jones fez pouco deles: "Esses rapazes brancos só queriam aliviar suas próprias consciências vazias"[10].

Baraka mais tarde reconheceria em sua autobiografia que esses comentários foram hipócritas, uma vez que esses ativistas "estavam lá fora, nas linhas de frente, fazendo mais do que eu fazia!". Incomodado mesmo assim com sua hesitação política, Jones se afastou da boemia branca, mudando-se para o Harlem em busca de uma estética negra e da revolução dos negros. Essa

---

[043] Herói da independência da República Democrática do Congo e líder do movimento Pan-Africano, Lumumba (1925-1961) foi assassinado por mercenários apoiados por Estados Unidos e Bélgica. (N. E.)

busca levaria no fim a um retorno à terra nativa – a New Ark[044], como sua cidade natal seria chamada pelo movimento nacionalista de lá, ao qual ele aderiu. Refletindo uma crescente raiva contra a cultura branca hipster de Nova York, na qual ele esteve imerso, a introdução de *Home* prefigura essa mudança de volta a Newark: "Quando esse livro aparecer, estarei ainda mais negro"[11].

A "negritude" que ele começou a perseguir em meados dos anos 1960 não era em si uma categoria puramente política; era apenas uma negação da branquidade de LeRoi Jones. Mas também representou sua virada a uma prática política específica: a auto-organização nacionalista. O espancamento, a detenção e o encarceramento de Baraka durante a revolta de Newark em 1967 (que começou depois que um motorista de táxi negro foi espancado pela polícia) transformaram-no num símbolo da militância negra. Também fez com que ele se voltasse radicalmente para o nacionalismo cultural. Em *Pastoral americana*, o fabricante de luvas aposentado Lou Levov tenta convencer o filho a sair de Newark com sua fábrica, reclamando: "Uma atividade comercial inteira está indo pelo ralo por causa daquele filho da puta do LeRoi Jones, aquele Peek-A-Boo-Boopy-Do, seja lá como chame a si mesmo debaixo daquele maldito chapéu"[12].

As revoltas urbanas em Newark e em outras cidades foram um marco de mudança política em escala nacional. Elas ressaltaram a continuidade da opressão dos negros após as vitórias legislativas do movimento pelos direitos civis, assim como sua exclusão da afluência econômica do pós-guerra. Foram uma indicação explosiva de que essas realidades não seriam aceitas pacificamente.

Nesse contexto, o chamado nacionalista para a auto-organização racial parecia ser uma alternativa viável às decepções da integração. Komozi Woodard propõe Baraka como um segundo modelo de desenvolvimento da consciência negra – o primeiro sendo o caso exemplar de Malcolm X no seu "caminho das bases para a autotransformação e reconstrução ética"[13]. O de Baraka foi o

044 Nova Arca, referência à Arca de Noé. (N. E.)

caminho de um intelectual que se atraiu pelo movimento de massa. Sua participação inicial na cultura beat do Greenwich Village refletia uma "rejeição romântica" da sociedade, a qual abriu caminho para uma fase de nacionalismo cultural. Essa rejeição convergiu politicamente com o desenvolvimento coletivo e de base da consciência negra, à qual Malcolm X forneceu uma voz poderosa. O brilhante estudo político a respeito de Baraka feito por Woodard, *A Nation within a Nation*, mostra que essa convergência era um fenômeno de prática organizativa e não simplesmente uma questão de consciência. "A formação da nacionalidade negra" era constituída pelos processos de desenvolvimento econômico e político que construíram instituições paralelas, respondendo com formas autônomas de auto-organização à exclusão dos negros das principais instituições da sociedade americana. Esse processo se estende até a Black Arts[045], que era não apenas um movimento estético mas também uma estrutura paralela abrangendo instituições como teatros, escolas e centros de arte comunitários – acima de tudo o Black Arts Repertory Theatre/School (BARTS), no Harlem. Baraka expandiu essas práticas a Newark com o centro artístico e comunitário Spirit House e por fim com as iniciativas de infraestrutura do Congresso dos Povos Africanos (CPA), que se estenderam a cooperativas de habitação e consumo.

No seu clássico *Black Awakening in Capitalist America*, Robert Allen nota que "a integração racial oferece aos negros de classe média a agradável perspectiva de perder sua negritude. Mas quando a sociedade branca, seja por qual razão, parece fechar a porta da integração, a burguesia negra responde adotando uma postura nacionalista"[14]. Essa mudança por parte da classe média negra convergiu com as tendências espontâneas de solidariedade coletiva e hostilidade à sociedade branca expressadas pelos

---

[045] O Black Arts Movement (também conhecido como BAM) foi um movimento artivista dos anos 1960 e 1970 e ligado ao movimento Black Power. Em geral, considera-se que surgiu em 1965 quando LeRoi Jones criou, no Harlem, o Black Arts Repertory Theatre/School. (N. E.)

trabalhadores e desempregados negros que participaram das revoltas. Adotando o nacionalismo, a classe média negra poderia legitimar não somente sua liderança sobre esses estratos econômicos mais baixos, mas também programas econômicos de crescimento que deixariam esses estratos para trás.

Baraka ficou profundamente impressionado quando visitou Ron Karenga, da organização US, durante uma passagem pela Califórnia em 1967. A disciplina da organização de Karenga superou amplamente seus próprios esforços de construir instituições no Harlem e em Newark. A ideologia "Kawaida" da US era baseada num "sistema de valores negros", supostamente retirados da tradição africana. Era uma performance artificial, essencialmente uma tentativa de se *passar* por africano. Baraka mais tarde criticaria isso dizendo que era "a universidade da falsa negritude": um amálgama incoerente de contracultura hippie e tradições conservadoras semifeudais, ambas enormemente distantes da vida real dos afro-americanos[15]:

Papo merda de metafísica abstrata é chato contrarrevolucionário, egoísta, irresponsável pseudo imitadores, acusadores de comunismo, poetas eternamente em [residência
Cafetões de estudos negros em interessantes jaquetas de tweed Fraudes em pele de leopardo, picaretas de turbante enganando com a cor da pele, capitalistas de cor, exploradores negros, pilantras afro-americanos de Embaixada[16 - 046]

Porém, o sistema de valores negro era um resultado ideológico de práticas materiais que condiziam com a situação política. O Congresso dos Povos Africanos, a organização nacionalista que

---

046 "Abstract metaphysical shit talking bores/ counter revolutionary, selfish, unserious pseudo/ imitators, red baiters, poets forever in residence/ Black studies pimps in interesting tweed jackets/ Frauds in leopard skin, turbaned hustlers w/ skin/ type rackets, colored capitalists, negro/ exploiters, Afro American Embassy gamers"

Baraka se empenhou em construir após a revolta, ligou a ideologia do nacionalismo cultural ao projeto pragmático e político mais abrangente de construir instituições paralelas. Os esforços do CPA nesse sentido iam de projetos de escolas a projetos de habitação, centrados em campanhas eleitorais que colocariam negros em cargos de poder político local.

A ideologia do nacionalismo cultural foi um reflexo desse desenvolvimento de prática organizativa. Porém, a formação da nacionalidade negra acabou sendo um projeto profundamente contraditório. As revoltas urbanas já haviam convencido os gestores públicos da necessidade de evitar futuros conflitos através de intervenções econômicas, consolidando a emancipação legal dos negros conquistada pelo movimento pelos direitos civis. Disso emergiu uma relação difícil entre a auto-organização dos negros e a estrutura de poder branca. Na verdade, o próprio BARTS foi fundado pela iniciativa antipobreza e antirrevolta chamada Harlem Youth Opportunities Unlimited, que teve substancial apoio da administração de Lyndon Johnson.

Além disso, as verdadeiras bases populares das organizações nacionalistas atraíram políticos tradicionais, incluindo tecnocratas como Kenneth Gibson. O percurso político inicial de Baraka como nacionalista foi devotado à bem-sucedida campanha de eleição de Gibson, primeiro prefeito negro de Newark[047]. Essas alianças políticas se encaixavam no projeto de construir uma frente única negra, que era a orientação estratégica central do CPA – uma frente única que juntaria a base popular com as elites políticas negras e a burguesia negra.

No entanto, o resultado quase paradoxal das vitórias políticas do nacionalismo foi a incorporação das suas instituições paralelas na institucionalidade hegemônica, dando um ar multicolorido a ela. Trata-se de uma parte central da nossa memória cultural dos anos 1970: "Conseguimos Newark, conseguimos Gary, alguém me disse que conseguimos Los Angeles e estamos

---

[047] Kenneth Gibson foi prefeito de Newark, de 1970 a 1986. (N. E.)

trabalhando por Atlanta", diz George Clinton na música do Parliament "Chocolate City", de 1975. Essa lista de cidades que tiveram prefeitos negros eleitos começa, não coincidentemente, com a Newark de Baraka, onde ele teve um papel central na vitória eleitoral de Kenneth Gibson em 1970, e Gary, Indiana, onde sua organização dirigiu a Convenção Nacional de Política Negra.

"Eles ainda a chamam de Casa Branca, mas isso é temporário", George Clinton continua a dizer. Ouvi "Chocolate City" na minha cabeça no dia em que Obama foi eleito; foi o auge do caminho das margens para o centro que começou nos anos 1970 e marcou muito decisivamente o fim do período em que a ambiguidade da política nacionalista podia ainda se abrir a um antagonismo contra a estrutura de poder. Os anos 1970 trouxeram um embaralhamento dos termos em que se dava a política negra: as instituições paralelas que o nacionalismo havia construído com a mobilização popular de base estavam agora sendo incorporadas ao próprio Estado, em um processo facilitado pela direção política negra que usava o nacionalismo em seu proveito.

Em suma: o nacionalismo apareceu numa época como uma ideologia potencialmente revolucionária. A construção de novas instituições paralelas mobilizou um antagonismo geral contra a estrutura social baseada na exclusão sistemática dos negros. A possibilidade de superar a marginalização da classe trabalhadora negra forneceu uma base objetiva, embora tênue, para a unidade entre a direção intelectual e a base popular. Mas a incorporação das instituições paralelas na institucionalidade hegemônica, assinalada pelo sucesso eleitoral da elite negra, demonstrou a capacidade do Estado capitalista de absorver a contestação nacionalista. As persistentes ideologias de unidade racial que sobraram do movimento Black Power racionalizaram o controle da base pela elite negra, a qual se esforçou para obscurecer as diferenças de classe que garantiam sua própria entrada na institucionalidade hegemônica. A classe política negra ascendeu no contexto de crise econômica, desindustrialização e crescimento do desemprego dos anos 1970. Uma política concebida unicamente em termos de unidade racial impossibilitava qualquer contestação estrutural ao imperativo capitalista e sua transferência dos custos da crise econômica ao trabalhador. Os políticos negros facilitaram a ofensiva dos patrões, voltando-se contra os elementos da classe trabalhadora que eram parte da sua base de apoio.

Baraka viveu isso diretamente no mandato de Gibson em Newark. Chegando à conclusão de que Gibson era pouco mais do que um neocolonialista, Baraka se abriu ao marxismo e começou a reorientar o CPA nesse sentido. No seu poema "History on Wheels", Baraka capta as novas consequências da incorporação das elites políticas negras:

> ... A forma como os negros ricos se mostraram
> após marcharmos e construirmos sua base material,
> agora a negada é largada no meio
> da estrada panafrikana, balbuciando sobre
> o eterno racismo e a divina supremacia branca
> uma opressão de cem mil dólares por ano
> e agora a intelectualização, o militante
> fonte da nova classe, sua valorização histórica.
> Entre eles, john johnson e elijah,
> david rockefeller descansa sua cabeça sorridente.[17-048]

Alguns anos depois Baraka refletiria sobre essa experiência no artigo do *New York Times* chamado "A Radical View of Newark": "Naquele tempo eu era um nacionalista negro, um nacionalista cultural, que não compreendia a realidade da luta de classes. Eu achava, e dizia a milhares de pessoas, que a luta dos negros era contra os brancos, ponto". O erro, reconhecido agora por Baraka, foi ter achado que colocando um homem negro no

---

048 "The way the rich blackies showed/ after we marched and built their material/ base, now niggers are left in the middle/ of the panafrikan highway, babbling about/ eternal racism, and divine white supremacy/ a hundred thousand dollar a year oppression/ and now the intellectualization, the militant/ resource of the new class, its historical/ valorization. Between them, john Johnson/ and elijah, david rockefeller rests his/ smiling head."

lugar de um político branco "estaríamos de fato no caminho da libertação"[18].

"É um nacionalismo estreito esse que afirma que o homem branco é o inimigo", Baraka disse ao *New York Times* em 1974. "Fomos culpados disso, mas não se trata de ciência."[19] Sua militância política então se voltou para organizar greves de motoristas de táxi em vez de construir uma cultura separatista. A experiência nacionalista mostrara a Baraka que não havia relação direta entre identidade e política. A certa altura, a equação pareceu fazer sentido; o nacionalismo negro apresentou um programa político para uma população estruturalmente marginalizada com base na sua identidade. Baseada em práticas materiais de construção de instituições, a ideologia nacionalista exaltou e afirmou essa identidade marginalizada. Mas foi exatamente a integração racial da elite americana, a diversidade no *establishment*, que tornou essa equação definitivamente impossível.

O que poderia ser mais conveniente para um político negro recém-eleito, doido para angariar as graças dos donos do poder econômico, do que reduzir a política à identidade? As políticas neoliberais poderiam assim ser implementadas com um carimbo de aprovação nacionalista, qualquer crítica facilmente silenciada como capitulação ao racismo branco. Baraka apontou que essa dinâmica enfraqueceu enormemente a resistência durante a gestão de Gibson em Newark:

> uma cidade em que um muçulmano negro é chefe do Conselho de Educação e colabora com os capitalistas na redução do orçamento para pessoas de todas as nacionalidades, tentando demitir 20% dos professores da cidade, tirando arte, serviços de bibliotecas, música e economia doméstica do currículo e condenando os trabalhadores das cantinas, vigias e trabalhadores da manutenção, que estão em greve agora, a salários de 3 e 4 mil dólares por ano.[20]

Àquela altura o Congresso dos Povos Africanos ressurgiu como Revolutionary Communist League (Liga Comunista Revolucionária), que acabaria por se fundir com a League of Revolutionary Struggle (Liga da Luta Revolucionária), ela própria resultado da fusão entre o grupo comunista de Chinatown I Wor Kuen e o Movimento Chicano 29 de Agosto. Esse movimento comunista era inter-racial, um movimento que praticava a solidariedade como princípio ativo. Após essa série de conversões, o marxismo de Baraka nunca vacilou. Mas ele se situava numa conjuntura em perpétua mudança. Movimentos anticapitalistas nos anos 1970 tiveram que responder a um ataque em duas frentes: os duros ataques dos capitalistas aos trabalhadores, buscando eliminar todos os obstáculos à acumulação; e a remoção de qualquer espaço de manobra para reformas social-democratas. Esse último consistia não apenas nos comprometimentos com os empresários por parte dos políticos liberais, mas também na consolidação da burocracia nas organizações dos trabalhadores, através de um "sindicalismo amarelo", o sindicato gerido como negócio.

Lideranças dos movimentos pelos direitos civis, feministas e contra a guerra desempenharam um papel central na militância dos trabalhadores que respondeu a esse ataque. As forças do New Communist Movement (Novo Movimento Comunista) se organizaram nos locais de trabalho e, algumas, incluindo a League of Revolutionary Struggle de Baraka, tiveram membros implantados nas fábricas para formar grupos militantes em sindicatos como o United Auto Workers[21]. Mas a absoluta força da crise e da reestruturação e a mudança drástica para a direita na política americana prevaleceram plenamente sobre a esquerda fragmentada. Ainda não superamos as consequências. Como Max Elbaum mostrou no seu indispensável livro *Revolution in the Air*, um determinado catastrofismo dogmático impediu os comunistas de formular uma estratégia adequada ao período[22]. Quando se mostrou falsa a suposição dos comunistas de que uma crise revolucionária era iminente, nenhuma outra estratégia apareceu com clareza.

Com a onda nacionalista minguada, junto com suas formas de organização e estratégias, os militantes se depararam com uma questão aberta que havia atormentado o New Communist Movement desde o início: como uma organização revolucionária poderia ser construída no clima ameaçador da política norte-americana? O marxismo fornecia uma descrição clara, uma análise de classe desse processo, de suas contradições e das tarefas políticas que estavam à frente. Mas, no contexto da reestruturação capitalista e da decomposição da classe trabalhadora e de suas instituições políticas, o movimento não encontrou referência em uma alternativa organizacional.

Essa crise política do New Communist Movement seria alimentada também pelos seminacionalistas remanescentes. Os pontos cegos da unidade racial continuaram após a virada marxista do Black Power. Mesmo num nacionalismo revolucionário, o pressuposto de uma "comunidade" negra unificada com "interesses" unificados continua. Apesar das duras lições dos anos 1970, essa abordagem deixou Baraka e muitos outros radicais negros suscetíveis a subordinar suas políticas ao programa mínimo de políticos negros nos Estados Unidos de Reagan. No contexto desse ataque da direita, se aferrar à frente única negra pode ter de fato parecido a melhor maneira de defender as conquistas dos movimentos dos anos 1960 e 1970. Na verdade, isso significou capitular às tendências neutralizantes que surgiram para contê-los.

Sem uma alternativa programática, muitos veteranos do movimento investiram suas esperanças na Rainbow Coalition (Coalizão Arco-Íris) de Jesse Jackson[049]. Baraka conhecia Jackson desde os velhos tempos – Jackson aparecia em vários eventos do Black Power, liderando os gritos de resposta de "Que horas são?" "É hora da nação!". Apesar de bem consciente do

---

049 Durante décadas, o pastor batista Jesse Jackson foi o rosto negro no Partido Democrata e chegou próximo de ser indicado candidato do partido nas eleições presidenciais de 1984. (N. E.)

oportunismo de Jesse Jackson[050], Baraka apoiou a campanha. Seus pedidos para se juntar a esse apoio com uma mobilização de massa contra a direção do Partido Democrata não foram ouvidos, e a capitulação em favor de Jackson acabou se mostrando um grave erro de cálculo estratégico, pois os esforços dele acabaram emprestando uma aura colorida de legitimidade à direita do Partido Democrata. No novo contexto político dos anos 1980, quando a unidade concebida em termos raciais não poderia levar a uma direção revolucionária, a sujeição às elites negras significava seguir os imperativos das chamadas políticas de austeridade.

Talvez seja nossa nostalgia das organizações de massa dos anos 1960 e 1970 que nos impeça de encarar a realidade atual. Para intelectuais buscando uma forma de atuar politicamente, mesmo na ausência de tais organizações, o *passing* é uma tentação compreensível. Estranho como possa parecer, Rachel Dolezal poderia ser realmente o caso típico: ela exemplifica as consequências de reduzir a política à performance de identidades, na qual se posicionar como marginalizado é a forma para se ganhar reconhecimento político. Intelectuais "de cor" de hoje em dia que substituem a identidade pela política estão repetindo a rejeição inicial de LeRoi Jones pelo seu meio branco e pela personalidade branca que esse meio fomentou. Para estudantes universitários de primeira geração, que sentem a ambivalência de deixar para trás seus bairros em favor de uma mobilidade ascendente ou de uma faculdade que esconde suas posições de classe por trás de seus tons de pele, a política identitária aparece como uma introjeção peculiar de culpa branca.

Passing, nesse sentido, é uma condição universal. Somos todos Rachel Dolezal. O eterno retorno ao "cheque seus privilégios" acabará desmascarando a todos como inautênticos. Não é de admirar, portanto, que somos tão profundamente perturbados pelo

---

[050] Em 1975, Baraka chegou a listar Jackson entre os "mais débeis e corruptos colaboradores" do imperialismo norte-americano. (N. E.)

passing – ele nos revela muito sobre identidade; é o podre segredo da equação da identidade com a política.

Foi isso que Baraka descobriu na sua passagem pelo nacionalismo cultural. Vendo o crescimento da diferenciação de classe na comunidade negra e a incorporação da classe política negra, Baraka chegou à conclusão de que sua ideologia identitária não era mais suficiente. Como expôs em sua autobiografia, essa ideologia também estava situada numa posição de classe particular. Era a posição dos intelectuais negros

> por tanto tempo embranquecida, agora alegando freneticamente uma "negritude" que era de diversas formas uma farsa. Uma espécie de *boemia negra* que colocava a classe média novamente na posição de criticar as massas negras, de modo a seguirem a classe média *negra* porque essa classe média negra saberia como ser negro enquanto os trabalhadores negros não saberiam.[23]

O projeto que Baraka iniciou, de romper com a identidade e se direcionar à organização de massa, permanece incompleto. Nos anos seguintes, o New Communist Movement se esforçou para entender os obstáculos à reconstrução da organização de massa. Paul Saba, que era filiado a um dos mais sofisticados periódicos do movimento, o *Theoretical Review*, discorreu recentemente sobre a inadequação da tendência dominante no período "que buscou analisar a ascensão do reaganismo e do neoliberalismo como uma ascensão do perigo fascista". Seus companheiros em vez disso se voltaram aos "escritos sobre o thatcherismo que estavam sendo produzidos no Reino Unido por Stuart Hall[051] e

---

051 Sociólogo e ativista nascido na Jamaica, Stuart Hall (1932-2014) foi o primeiro editor da revista inglesa *New Left Review*, mas à época a que se refere o texto ele colaborava principalmente com a *Marxism Today*, a revista do Partido Comunista inglês. Foi nessa revista que, em janeiro de 1979, publicou o artigo "The Great Moving Right Show", que popularizou o termo "thatcherismo". (N. E.)

outros", concluindo que "essa análise produzida tinha relevância direta para entender o que estava acontecendo também nos Estados Unidos"[24]. Com a mudança de Reagan e Thatcher para Clinton e Blair e para Trump e May, a analogia continua relevante.

5.
LEI E ORDEM

A eleição de Donald Trump em novembro de 2016 foi um choque para a maioria dos setores da sociedade norte-americana. Seu slogan de campanha, "Tornar a América Grande Novamente", foi debilmente contraposto pela afirmação de Hillary Clinton de que "A América já é Grande". Mas os próprios Democratas eram culpados de estarem tão mal preparados. A ascensão de Trump foi prefigurada por uma onda reacionária que o precedeu em décadas. Nos Estados Unidos isso fica claro ao relembrarmos que Ronald Reagan ganhou a presidência em 1980 com cartazes de campanha que diziam: "Vamos tornar a América grande novamente!". Enquanto a esquerda dos Estados Unidos ainda precisa entender os porquês da sequência que vai de Nixon a Reagan, a Bush e a Trump, o intelectual britânico nascido na Jamaica Stuart Hall, devotou uma grande parte da sua carreira lutando contra a ascensão igualmente inquietante de Margaret Thatcher. Hall, um grande teórico da questão racial e identitária, é também um dos mais perspicazes teóricos do poder estatal e da luta de classes. Sua análise da decomposição e desorganização do movimento operário e da nova estratégia política da classe dominante é essencial para entender o novo terreno político no qual a política identitária criou raízes.

O trabalho de Hall nos apresenta uma interessante possibilidade de comparação. Comparado aos Estados Unidos, o Reino Unido parece ser um lugar com movimentos socialista e dos trabalhadores bem mais vibrantes. Diferença talvez hoje mais claramente representada pela existência de um sistema de saúde pública, há muito descartado como inviável pela chamada esquerda da política institucional norte-americana. De fato, o Reino Unido teve com frequência um partido supostamente socialista dirigindo o governo, e há uma tradição ainda viva de ações militantes dos trabalhadores, algo cujo equivalente nos Estados Unidos parece coisa de tempos imemoriais.

No entanto, no contexto da Europa, onde em determinados casos o número de membros do Partido Comunista chegava aos milhões, o Reino Unido era normalmente visto como um caso excepcional. Um país que, apesar de ser o *locus classicus* da análise do modo de produção capitalista de Karl Marx e o lugar do primeiro movimento operário, era muito atrasado politicamente, com um Partido Trabalhista relutante em enfrentar o sistema capitalista e absorvido pelo oportunismo parlamentar, com sindicatos incapazes de superar as reivindicações e disputas corporativas em favor de uma verdadeira organização política de massa[1]. Assim, o Reino Unido representa para nós dois diferentes pontos de comparação: primeiro, em contraste com os Estados Unidos, a relativa persistência de seus movimentos socialista e dos trabalhadores; segundo, semelhante aos Estados Unidos, a incapacidade desses movimentos de estabelecer uma organização de massa anticapitalista.

Junto com colegas do Centro de Estudos Culturais Contemporâneos na Universidade de Birmingham, Hall propôs uma análise das peculiaridades da política britânica num livro de 1978, escrito coletivamente, chamado *Policing the Crisis: Mugging, the State, and Law and Order*. Esse estudo é conhecido por sua análise das representações de crime na mídia, que tem sido muito influente no campo dos estudos culturais, especialmente por essas representações estarem profundamente implicadas na política racial. Mas o ponto mais forte de *Policing the Crisis* foi situar as representações raciais nas mudanças políticas e econômicas que acompanharam o desaparecimento do lendário "consenso pós-guerra", que prevaleceu desde 1945, quando o Partido Trabalhista formou um governo majoritário.

Para entender a dinâmica racial da representação do crime, *Policing the Crisis* começa no período imediatamente após a Segunda Guerra Mundial, quando o Estado assumiu fábricas falidas, empregou uma grande parte da força de trabalho, regulou a demanda e o emprego, assumiu a responsabilidade pelo bem-estar social, expandiu a educação de acordo com as necessidades do desenvolvimento tecnológico, aumentou seu envolvimento nos meios de comunicação e agiu para harmonizar o comércio internacional. Apesar de o Partido Trabalhista declarar seu comprometimento com o socialismo, essa estabilização da economia não alterou os fundamentos do sistema econômico. Contudo, foi capaz de construir um Estado de bem-estar social à base de um crescimento econômico sem precedentes no pós-guerra e, como aponta *Policing the Crisis*, a democracia representativa se desenvolveu a partir da "ampliação do papel do Estado na economia"[2].

Mas a pretensão de representar a classe trabalhadora e a vinculação dos interesses da classe trabalhadora à expansão do aparelho estatal terminaria colocando novos problemas à medida que a instabilidade da economia global colocava sua cabeça para fora. A participação britânica na economia global do pós-guerra tinha sérias fragilidades, decorrentes dos efeitos debilitantes da herança imperial e de uma ultrapassada infraestrutura industrial resistente à inovação. Não dava conta da competição internacional, das flutuações na taxa de lucro e da inflação crescente. No entanto, o Partido Trabalhista havia se colocado num beco sem saída, incapaz de administrar a crise dentro das relações econômicas existentes e manter ao mesmo tempo sua base em uma classe trabalhadora organizada e ativa. Seu papel seria o de conter as lutas da classe trabalhadora, assegurar que as reivindicações dos trabalhadores não interferissem num clima favorável aos investimentos.

Foi o que Hall e seus colegas, seguindo Antonio Gramsci e Nicos Poulantzas, chamaram de "uma crise de hegemonia", uma crise que era não apenas da economia, mas também da sua gestão e, portanto, uma crise do próprio Estado[3]. Num contexto como esse, no qual as lutas da classe trabalhadora pareciam confrontar diretamente o Estado, preservar o consentimento como instrumento principal de controle democrático – em vez da coerção – se tornou um problema central. A sociedade de consumo apresentou possíveis recursos para uma solução; o crescente uso estatal da comunicação de massa foi direcionado para formar uma espécie de consenso público e transformar os valores de acordo com as necessidades da acumulação capitalista. Mas, durante uma crise de hegemonia, o consenso não pode mais ser considerado como garantido. Práticas políticas e culturais convencionais são contestadas; suas contradições são expostas.

No final dos anos 1960, vários pânicos morais vieram à tona nas sociedades capitalistas avançadas. Uma grande variedade de fenômenos – manifestações públicas, protestos, contracultura, permissividade, criminalidade e outros – passou a ser apresentada por noticiários e políticos como parte de uma única e enorme ameaça aos fundamentos da ordem social. Na Grã-Bretanha, essa ameaça foi simultânea à escalada da luta de classes, quando os trabalhadores começaram a recusar a colaboração com o Estado e com as burocracias sindicais, e a militância na base e a organização no chão de fábrica substituíram as mesas de negociações. A ideologia conservadora teve um importante papel na resposta do Estado a essa ameaça, enquanto o controle social aumentava no final dos anos 1960, abrindo caminho para a "sociedade da lei e ordem" dos anos 1970. O pânico moral e a instabilidade econômica legitimaram o recurso do Estado à repressão como gestão da crise, racionalizando e normalizando o policiamento. Essa campanha também teve uma vantagem menos óbvia: legitimava a iniciativa do Estado não apenas para conter a criminalidade mas também para disciplinar a classe trabalhadora intransigente, cujas greves eram inflexíveis e poderosas.

As formas específicas de racismo no Reino Unido dos anos 1970 estavam fortemente relacionadas a esse contexto. Em paralelo a essas dinâmicas culturais e políticas, havia a ascensão do sentimento anti-imigrantes, expressado por figuras como o membro do parlamento Enoch Powell e o neofascista National Front (Frente Nacional). Era uma resposta à redefinição da identidade britânica por *rastas* e *rude boys*. Hall e seus colegas abordaram esse conflito cultural através do aumento da percepção de crimes violentos. As representações da mídia de assaltos nos anos 1970 tinham uma característica particular, que persiste hoje em dia: uma associação deliberada e constante do crime com jovens negros.

A população negra, concentrada nos bairros mais pobres, começara a sofrer mais com a violência policial já no início dos anos 1970, mas, com a turbulência política e o colapso econômico do meio da década, passaram a sofrer também com os cortes de serviços, de educação e de proteção social. Embora os Estados Unidos nunca tivessem vivido uma mudança desse tipo em direção à social-democracia – pelo menos não desde o New Deal, o qual não foi apresentado na linguagem socialista e não veio da vitória eleitoral de partidos socialistas –, os paralelos são muito evidentes e foram claramente notados em *Policing the Crisis*. As revoltas urbanas, como vimos, responderam aos mesmos tipos de questões econômicas e foram a base de profundas mudanças na política negra.

De fato, no Reino Unido assim como nos Estados Unidos, uma nova sensibilidade de resistência surgiu nos bairros pobres ao longo dos anos 1960. E o que surgira agora era uma situação explosiva: "um setor da população, já mobilizado em termos de consciência negra, era agora também o setor mais exposto ao ritmo acelerado da recessão econômica". A consequência foi "nada menos do que a sincronia dos aspectos de raça e classe da crise". Essa sincronia foi manifestada clara e concretamente pela polícia. "Policiar *os negros* se misturou ao problema de policiar *os pobres* e de policiar *os desempregados*: todos os três estavam concentrados exatamente nas mesmas áreas urbanas." Alimentado pela mídia de massa e pela retórica de políticos, "policiar os negros" se tornou "sinônimo da questão maior de *policiar a crise*"[4].

Hall e seus colegas se esforçaram para mostrar que essa convulsão nos bairros pobres não podia simplesmente ser entendida como um fenômeno separado das lutas dos operários de fábrica. É claro, as duas lutas podiam ser diferenciadas de maneiras significativas, uma vez que representavam dois tipos diferentes de composições políticas e, portanto, dois tipos diferentes de estratégias de organização. Nos Estados Unidos, essa divisão de estratégias políticas era representada mais nitidamente por duas organizações: o Black Panther Party (Partido dos Panteras Negras) e a League of Revolutionary Black Workers (Liga dos Trabalhadores Negros Revolucionários). Enquanto o BPP se baseava explicitamente na capacidade de ação do lumpemproletariado – nas ruas e não nas fábricas –, a LRBW afirmava que os trabalhadores negros nos locais de trabalho carregavam o maior potencial revolucionário.

O grande mérito de *Policing the Crisis* foi entender como essas duas composições de classe se desenvolveram a partir de uma lógica estrutural unificada[5]. A população negra, no Reino Unido assim como nos Estados Unidos, também participava do trabalho industrial. E os trabalhadores negros tinham nesse período um papel central nas lutas de classe desestabilizadoras. Em muitas das disputas industriais mais cruciais, como Hall e seus colegas escreveram, "os operários negros e brancos se engajaram numa luta comum". No entanto, os operários negros eram ao mesmo tempo representados desproporcionalmente nos trabalhos não qualificados ou semiqualificados, carregavam o fardo da desqualificação e eram mais visados nas demissões. O resultado da mudança das referências ideológicas na crise de hegemonia significou que essas divisões poderiam ter um papel político nocivo:

> Embora os pobres negros e brancos se encontrem objetivamente na mesma posição, eles habitam mundos ideologicamente tão separados que cada um pode ser apresentado ao outro como grupo de referência negativo, a "causa manifesta" do infortúnio um do outro. À medida que a situação econômica aperta, a competição entre trabalhadores aumenta. E a competição estruturada em termos raciais ou de distinções de cor é um grande negócio. É exatamente nesse ponto que o National Front está atuando no momento, com considerável sucesso. Portanto, a crise da classe trabalhadora é reproduzida, mais uma vez, através dos mecanismos estruturais do racismo, como crise *nas* e *entre as* classes trabalhadoras.⁶

Na sua música "Wat about Di Working Claas", Linton Kwesi Johnson resumiu como essa dinâmica de divisão racial colocou um obstáculo ao sucesso das lutas operárias:

> **Não se dê o trabalho de culpar a classe**
> **   [trabalhadora negra, Sr. Racista**
> **Culpe a classe dominante**
> **Culpe seu patrão capitalista**
> **Nós pagamos os custos, nós sofremos as perdas**[052]

A organização da classe trabalhadora não foi debilitada apenas pela ideologia da divisão racial, mas também pela sua

---

052 "Nah badda blame it 'pon the black working class, Mr. Racist/ Blame it 'pon the ruling class/ Blame it 'pon your capitalist boss/ We pay the costs, we suffer the loss" ("Wat about Di Working Claas" é uma das faixas do disco *Making History*, gravado em 1983 por Linton Kwesi Johnson, que, por sua vez, é um dos favoritos da editora Veneta.) (N.E.)

decomposição via desemprego – e, na experiência cotidiana, o desemprego estava bastante relacionado à raça. Devido às consequências específicas da recessão econômica nas comunidades negras, a força de trabalho negra agora parecia ser algo como uma *"fração de classe etnicamente distinta –* a *mais exposta aos ventos do desemprego"*[7].

A difícil tarefa era entender que tipo de capacidade de ação política poderia ser identificada nessa nova composição da força de trabalho. Uma vez que os jovens negros estavam sendo incorporados cada vez mais ao exército industrial de reserva formado por desempregados, não poderia haver dúvida de que sua condição objetiva estava se deteriorando. A questão era como eles compreenderam e representaram esse processo objetivo, e a natureza da subjetividade que constituíram para resistir a ele. Sobre a experiência comum de desemprego, *Policing the Crisis* sugeriu que "o conteúdo social e o significado político da situação de 'sem-trabalho' estão sendo completamente transformados por dentro"[8]. A militância entre jovens negros não estava vindo da socialização do chão de fábrica, mas dessa transformação de sem-trabalho. Com base no periódico *Race Today*, que contava com figuras influenciadas por C.L.R. James, como Linton Kwesi Johnson, Darcus Howe e Farrukh Dhondy, os autores identificaram tendências políticas que emergiam na comunidade negra. O novo dinamismo político estava

> baseado na autonomia e na ação dos grupos negros em luta, sendo a crescente "recusa do trabalho" dos negros desempregados o fenômeno mais significativo dessa luta. Os altos índices de desemprego na juventude negra são aqui reinterpretados como parte de uma "recusa ao trabalho" consciente e política. Essa recusa ao trabalho é crucial, uma vez que atinge o capital. Significa que esse setor da classe se recusa a entrar na competição com aqueles que já estão no trabalho produtivo.[9]

A capacidade de ação política dos sem-salário, portanto, tem como base formas de autoajuda: da "contravenção" às culturas informais de ajuda mútua, a partir da herança cultural caribenha que os imigrantes trouxeram com eles. Embora não houvesse necessariamente um conteúdo político na contravenção, os exemplos norte-americanos de Malcolm X e George Jackson[053] indicaram seu potencial como lugar de desenvolvimento de uma prática revolucionária. Ser sem-salário foi redefinido nas ruas "como uma forma de luta positiva em vez de passiva; como pertencente a uma maioria em vez de uma experiência 'marginal' da classe trabalhadora. Uma posição que ganhou grandes dimensões, culturalmente e ideologicamente, e, portanto, capaz de fornecer a base de uma estratégia de classe viável"[10].

Além disso, uma vez que a classe trabalhadora em geral estava enfrentando um aumento do desemprego, à medida que o Estado a colocou para pagar os custos da crise, essas novas formas de contestação ganharam uma importância geral. Reformas conquistadas anteriormente estavam sendo revertidas, e o poder político da classe trabalhadora e de suas organizações foi posto em xeque por um "consenso autoritário". À medida que essa dinâmica de erosão e ataque continuou com a crise, as práticas de policiamento e as representações do crime pela mídia não foram, de modo algum, questões marginais, mas, sim, centrais à política da classe trabalhadora, colocando "as questões mais pesadas e críticas de estratégia e de luta": "como evitar que uma parte considerável da classe não seja mais ou menos *criminalizada* permanentemente"[11]. Identificar as novas capacidades de resistência dos desempregados negros e achar uma forma de uni-las à luta de

---

053 Em 1961, George Jackson foi condenado por assalto à mão armada a um posto de gasolina (em que roubou 70 dólares). Tinha 20 anos de idade. A sentença foi por tempo indeterminado, ou seja, a libertação aconteceria apenas quando as autoridades decidissem que deveria acontecer (nos Estados Unidos, esse tipo de sentença, chamada *one year to life*, só foi declarada inconstitucional em 1984). Jackson passou o resto da vida na prisão, mas nela tomou contato com a literatura marxista e se tornou um autor de grande sucesso. Foi morto em 9 de agosto de 1971, durante uma tentativa de fuga. (N. E.)

classe mais ampla poderia servir como base para responder ao consenso autoritário, que ameaçava a classe trabalhadora como um todo.

Porém, essa análise encontrou um possível limite. O sem-salário e as formas de organização e consciência que o acompanham poderiam ser entendidos de duas maneiras. Uma interpretação via o sem-salário e suas formas autônomas de reprodução, incluindo o crime, como uma forma de recusa do trabalho. Mas uma interpretação contrária, que ganhou uma incômoda proeminência à medida que a recessão se aprofundava, dizia que

> os negros, que em grande número estão "recusando o trabalho", estão fazendo da necessidade uma virtude. Praticamente não há trabalho para os jovens negros que saem da escola recusarem. Tão grande quanto possa ser a fração que descobriu ser possível sobreviver através da vida de contravenção nas ruas, é *maior* o número de negros que pegaria um trabalho se lhes oferecessem.[12]

Não havia uma solução clara para esse dilema. Enquanto teorias do lumpemproletariado forneciam ideias úteis, o emprego desse conceito de classe na África colonial, por autores como Frantz Fanon, não tratava das condições das metrópoles capitalistas avançadas tão automaticamente quanto os Panteras Negras pensavam. Essa tensão pareceu ser insolúvel na teoria, demandando a elaboração de novas práticas e formas de organização.

É com base nessa análise política e histórica complexa e detalhada que *Policing the Crisis* apresenta um slogan frequentemente citado: "Raça é a maneira como a classe é vivida"[13]. Esse slogan não deve ser interpretado como uma descrição idealista da experiência vivida de raça e classe como categorias abstratas, como se pudessem ser aplicadas desconsiderando cada situação histórica. É na verdade uma análise materialista do modo como, nessa conjuntura histórica particular, os membros negros da classe trabalhadora desenvolveram uma consciência da luta de classes através da experiência de "raça", que era ela própria vinculada à crise de hegemonia. Na especificidade desse momento histórico, foi "através da raça que os negros compreenderam, lidaram e começaram a resistir à exploração, que é uma característica objetiva da sua situação de classe"[14].

Ao mesmo tempo, uma vez que a raça era também uma característica estrutural da resposta capitalista à luta de classes vinda de baixo, um instrumento de divisão e desorganização, isso significava que a raça poderia também acabar se tornando um obstáculo ao desenvolvimento da organização de classe:

> O capital reproduz a classe como um todo, estruturada pela raça. Ele domina a classe dividida, em parte, através dessas divisões internas que têm o "racismo" como uma de suas consequências. Ele contém e dá cabo das organizações representativas de classe confinando-as, em parte, a estratégias e lutas especificamente raciais, as quais não superam seus limites, suas barreiras. Através da raça, ele continua a derrotar as tentativas de construir, num nível político, organizações que de fato representem adequadamente a classe *como um todo* – isto é, que a represente contra o *capitalismo, contra o racismo*.[15]

Porém, a perspectiva de gerar formas de organização que pudessem enfrentar o capitalismo e o racismo tinha um novo e formidável oponente. A eleição de Margaret Thatcher como líder da oposição em 1975 representou o movimento da direita radical da margem para o centro do poder, apoiando-se na ideologia da lei e ordem para avançar na estratégia de romper com o consenso pós-guerra. A dominação de classe ganharia novos contornos, expresso principalmente na "tendência do Estado de se afastar do uso do consenso em direção ao uso da coerção"[16]. O pânico moral de assaltos, portanto, teve um papel importante na estabilização do Estado. A percepção do aumento da criminalidade foi "uma das principais formas de consciência ideológica pela qual uma 'maioria silenciosa' é conquistada para dar apoio a medidas cada vez mais coercitivas por parte do Estado, concedendo legitimidade a um exercício da repressão 'maior do que o habitual'"[17].

Policing the Crisis mostrou como a gestão da crise capitalista efetuada pelo Partido Trabalhista criou contradições que abriram espaço para novas estratégias da direita, e como o consentimento popular à autoridade estava em vias de ser assegurado por novos tipos de luta ideológica. Emergia agora uma nova estratégia antiestadista da direita – ou melhor, que se dizia antiestadista – para ganhar o consentimento de uma população descontente, enquanto visava a uma alta centralização do governo. A oposição ao "governo inchado" como uma marca registrada americana encontra seus antecedentes e ecos aqui.

Essa estratégia funcionou aproveitando o descontentamento popular e neutralizando a oposição, fazendo uso de alguns elementos do sentimento popular para criar uma nova espécie de consenso. Em 1979, Hall escreveu sobre essa nova estratégia no artigo chamado "The Great Moving Right Show". Foi originalmente publicado apenas alguns meses antes da eleição de Thatcher como primeira-ministra na *Marxism Today*, a revista teórica do Partido Comunista da Grã-Bretanha. Ele insistia que as raízes da sua ascensão estavam exatamente nas contradições da gestão de crise dos Trabalhistas, a qual tinha "desorganizado efetivamente a resposta à crise da esquerda e da classe trabalhadora". Sejam quais forem as promessas que possam ser oferecidas pelos políticos em tempos de prosperidade – melhoria da saúde, mais empregos, nova infraestrutura –, uma vez que esses políticos entram no governo, são obrigados a gerir o modo de produção capitalista e assegurar condições de crescimento. No contexto da crise econômica, eles devem necessariamente propor soluções que são do interesse do capital e que possam ganhar seu apoio. Mesmo políticos socialistas não estão livres dessa exigência, e, enquanto a estrutura do capitalismo permanecer incontestada, eles devem usar suas ligações com os dirigentes sindicais "não para avançar mas para *disciplinar* a classe e as organizações que representam".

Tudo isso acontece pelo Estado, portanto a ideologia dos políticos de centro-esquerda, do Partido Trabalhista aos Democratas, equivale a "uma interpretação neutra e benevolente do papel do Estado como encarnação do interesse nacional sobre a luta de classes". Essa ideologia equaciona o interesse social geral com a expansão do Estado, marginalizando expressões de poder popular que estão fora dos limites do Estado. Além disso, usa o aparelho de intervenção ampliado do Estado para "gerir a crise capitalista em favor do capital". O Estado acaba "inscrito em todas as características e aspectos da vida social". E as demandas de gestão da crise transformam até mesmo um Estado social-democrata em um agente do capital[18].

Esse é o pano de fundo para a direita radical, que opera no mesmo espaço da social-democracia e explora suas contradições. Ela "pega os elementos que já estão construídos, desmonta-os, os reconstitui numa nova lógica e articula o espaço de uma nova maneira, polarizando-o à direita"[19]. É capaz de apelar à desconfiança no estadismo, à frustração com a gestão social-democrata da crise do capitalismo, avançando uma agenda neoliberal aparentemente antiestadista. O thatcherismo atacou os valores coletivistas, mas também o estadismo que realmente afligia os Trabalhistas desde o início. Aproveitou também a distância que as lideranças dos reformistas mantiveram da base e demonstrou como eram verdadeiramente irreconciliáveis os valores coletivistas e a tarefa de gerir a crise capitalista.

A conquista notável no thatcherismo foi sua habilidade de juntar as filosofias econômicas abstratas do liberalismo austríaco, desenvolvidas por heróis libertarianos como Ludwig von Mises e Friedrich Hayek, a sentimentos populares relativos a "nação, família, dever, autoridade, padrões, autossuficiência" – poderosos motores ideológicos no contexto da mobilização política pela lei e ordem. A essa "rica mistura", Hall apelidou de "populismo autoritário", e suas manobras ideológicas não podiam ser reduzidas a simples truques:

> Seu sucesso e eficácia não residem na sua capacidade de enganar gente desavisada, mas na maneira que aborda problemas reais, experiências reais e vividas, contradições reais – e assim ser capaz de representá-los numa lógica de discurso que os coloca sistematicamente em linha com as políticas e estratégias de classe da direita.[20]

A estratégia foi notavelmente bem-sucedida. Teve sucesso em alterar o discurso político, construindo um bloco de apoio público à reestruturação neoliberal e forçando as organizações da classe trabalhadora a recuar. O longo recuo da classe trabalhadora chegou a um clímax trágico na greve dos mineiros de 1984-1985. A força dessa luta carregou de emoção todas as discussões a respeito. Hall havia sido muito crítico antes da greve, pelas intensas dificuldades e riscos implicados por uma greve durante um período de austeridade e de declínio industrial, assim como pela decisão não democrática de uma greve sem votação. Ele passou a criticar a mobilização dos mineiros "como homens" de uma identidade de classe "familial e masculinista" específica, que impediu que a greve dos mineiros se "generalizasse em uma luta social mais ampla"[21].

Aspectos dessa análise eram provavelmente verdadeiros. Mas era também compreensível que muitos na esquerda reagissem com escárnio à análise feita por Hall. Tal crítica dos sindicatos no contexto de um massacrante ataque capitalista parecia errar o alvo. Um dos críticos de Hall era o sociólogo Ralph Miliband, que questionou sua visão num artigo chamado "The New Revisionism in Britain", publicado na *New Left Review* em 1985. A principal preocupação de Miliband foi defender a primazia da classe, que significava para ele o papel central dos trabalhadores organizados no movimento socialista – um discurso que ouvimos com frequência hoje em dia. Miliband argumentava que essa primazia surgia do fato de "nenhum outro grupo, movimento ou força na sociedade capitalista ser remotamente capaz de montar uma contestação tão efetiva e formidável às estruturas existentes de poder e privilégio como o poder dos trabalhadores organizados"[22].

O questionamento dessa primazia, na leitura de Miliband, veio dos chamados "novos movimentos sociais": os movimentos que surgiram fora das organizações dos trabalhadores e que tinham demandas relativas a raça, gênero, sexualidade, ecologia e outros temas que não eram apresentados explicitamente em termos de classe. Miliband sensatamente lembrou seus leitores de que "a classe trabalhadora inclui uma enorme quantidade de pessoas que também são membros de 'novos movimentos sociais' ou que são parte dos grupos sociais que esses movimentos buscam alcançar". Mas ele também argumentava que seria um erro essas pessoas entenderem suas experiências de opressão através de suas identidades. Na verdade, o conceito de "política de classe" englobava os novos movimentos sociais, uma vez que os trabalhadores organizados não lutavam por seu benefício "corporativo" e "economicista", "mas por toda a classe trabalhadora e por muitos além dela". Embora a luta "necessite de um sistema de alianças populares", Miliband mantinha que "apenas a classe trabalhadora organizada pode constituir a base desse sistema"[23].

Porém foi deixado sem explicação como a classe trabalhadora se organizaria, num contexto de desorganização induzida de cima que teve o thatcherismo como pioneiro. A discussão de Miliband sobre os novos movimentos sociais se manteve especulativa, sem uma investigação séria das questões que eles levantaram sobre a amplitude e diferenças nas experiências da classe trabalhadora, o conteúdo das reivindicações da classe trabalhadora e as formas de organização que poderiam surgir fora de sindicatos e partidos. Diferentemente, a própria análise de raça de Hall como "forma" através da qual os trabalhadores negros se tornam conscientes de sua posição de classe era baseada numa análise da composição da classe trabalhadora negra, na história da cultura migrante e das organizações políticas das lutas dos negros. E ele foi capaz de, a partir disso, identificar potenciais formas de atividade política com relevância geral para a classe trabalhadora como um todo, já que o racismo era parte da forma pela qual as populações de trabalhadores eram estruturadas pelo capital.

Paul Gilroy, um orientando de doutorado de Hall no Centro de Estudos Culturais Contemporâneos nesse período, escreveu no seu livro *There Ain't No Black in the Union Jack* sobre o desafio que isso colocava tanto às teorias idealistas do racismo quanto às teorias reducionistas de classe:

> O racismo não é um evento singular baseado na aberração psicológica nem em alguma antipatia a-histórica aos negros, como uma herança cultural do império e que continue a saturar a consciência de todos os bretões brancos independentemente de idade, gênero, renda ou circunstâncias. Ele deve ser entendido como um processo. Trazer os negros para a história sem ser como problema ou vítima, e estabelecer o caráter histórico do racismo em oposição à ideia de que é um fenômeno eterno e natural depende da capacidade de compreender mudanças políticas, ideológicas e econômicas.

Portanto, em vez de uma "resposta platônica à questão de onde as 'raças' se localizam entre o mundo das relações reais e o mundo das formas", Gilroy argumentava que a tarefa de uma análise materialista era mostrar como "significações raciais, solidariedade e identidades constituíam a base para ação":

> Diferentes padrões de atividade "racial" e de luta política se apresentarão em determinadas condições históricas. Eles não são concebidos como uma alternativa direta à luta de classes no nível

da análise econômica, mas devem ser reconhecidos como sendo potencialmente uma alternativa à consciência de classe no nível político, assim como um fator nos processos contingentes nos quais as próprias classes são formadas.[24]

O argumento de Miliband parecia deixar de lado essas questões. Ele foi criticado por sua esposa, Marion Kozak, por isso. Segundo ela, o artigo "New Revisionism" "exagerou a primazia da classe e não atribuiu peso suficiente aos movimentos sociais, enxergando-os como fragmentadores em vez de potenciais aliados de movimentos de classe – como, grupos feministas apoiando os mineiros"[25]. Essas alianças inesperadas foram recentemente para as telas de cinema com o filme *Orgulho e Esperança* (2014), que mostra os esforços para levantar fundos do Lesbians and Gays Support the Miners (um gesto de solidariedade retribuído pela participação de grupos mineiros galeses na Parada do Orgulho Gay de Londres em março de 1985) e o apoio decisivo da União Nacional dos Mineiros para que a resolução do Partido Trabalhista pelos direitos LGBTQIA+ fosse bem-sucedida[26]. Como Doreen Massey e Hilary Wainwright escreveram na época nos seus comentários sobre os grupos feministas de apoio a greves: "Não é uma questão de ação operária ou de novos movimentos sociais, nem a de simplesmente somar um ao outro... Novas instituições podem ser construídas de modo que 'política de classe' possa ser vista como mais do que simplesmente militância operária somada à representação parlamentar"[27]. Foi a urgência dessas novas instituições e a dificuldade de construí-las que fundamentaram o pessimismo de Hall durante a greve dos mineiros:

> A greve foi condenada a ser defendida e perdida como uma velha e não como uma nova forma de política. Para aqueles de nós que sentiam isso desde muito cedo, foi duplamente insuportável

porque – na solidariedade que demonstrou, nos gigantescos níveis de apoio que gerou, no envolvimento sem paralelo das mulheres nas comunidades de mineiros, na presença feminista na greve, na quebra de barreiras entre diferentes interesses sociais que pressagiou – a greve dos mineiros foi na verdade instintivamente uma expressão da política do novo, foi um grande combate contra o thatcherismo que deveria ter marcado a transição à política do presente e do futuro, mas que foi defendida e perdida, aprisionada nas categorias e estratégias do passado.[28]

Mas, se cada lado do debate tinha uma visão, não está claro se algum participante compreendeu o que a derrota catastrófica da greve dos mineiros realmente representou. Apesar do relato de Hall sobre as fortes consequências do populismo autoritário, sua teoria não pareceu antecipar o quão drasticamente essa derrota transformaria o campo da ação política ou quão profundas suas consequências seriam.

Um grande lapso no nosso entendimento da transição neoliberal é não entender que esse momento era também uma derrota dos novos movimentos sociais tanto quanto dos trabalhadores organizados. Embora as reivindicações nesses movimentos tenham sobrevivido, eles cresceram cada vez mais separados de mobilizações de massa populares que pudessem fazer das reivindicações uma contestação a todo o sistema. Enorme progresso foi feito no nível cultural, mudando sobretudo nossa linguagem. Mas as estruturas materiais fundamentais foram poupadas.

Como resultado, as linguagens progressistas dos novos movimentos sociais, desenraizadas da sua base popular, seriam apropriadas como nova estratégia da classe dominante. Bill Clinton, que seguiu o caminho de Thatcher e Reagan e, por sua vez, inspirou a reformulação thatcherista do Partido Trabalhista feita por Tony Blair, não nos trouxe apenas o Tratado de Livre

Comércio da América do Norte (Nafta), a Crime Bill[054] e a Welfare Reform Bill[055], mas também incorporou a política a um estilo cultural específico, dirigida por grupos focais e consultores de imagem, que atuavam na diversidade dos novos tempos – levando ao famoso comentário de Toni Morrison a respeito de Clinton ser "o primeiro presidente negro". No entanto, enquanto Bill tocava saxofone no *Arsenio Hall Show*, Hillary Clinton descrevia jovens negros como "superpredadores" – um comentário que os ativistas do Black Lives Matter lembraram a ela durante sua campanha em 2016. Uma expressão além de *populismo autoritário* provavelmente será necessária para descrever esse fenômeno, que mostrou, por um lado, que a estratégia hegemônica da direita era tão bem-sucedida a ponto de absorver uma suposta esquerda e facilitar a consolidação da desigualdade econômica e a reversão das reformas anteriormente concentradas no Estado; e, por outro lado, que esse pluralismo, a celebração da mídia popular e a virada para a cultura juvenil não constituíram necessariamente uma força de oposição na ausência de uma mobilização revolucionária viável – como as campanhas de base para o primeiro presidente negro de verdade demonstrariam mais tarde.

É exatamente no impedimento do desenvolvimento de um agente antagonista que a discussão sobre cultura e ideologia deve ser situada – não como explicação para os complexos mecanismos de mudanças eleitorais. Muito depois de Thatcher e Reagan, uma indústria de analistas continua a perguntar por que americanos da classe trabalhadora votam contra os seus "interesses", convidando-nos a opor Kansas contra Connecticut, estado vermelho contra estado azul. Mas, na verdade, é na decomposição e desorganização da classe trabalhadora que devemos buscar uma explicação para a ascensão da direita – não na consciência, falsa

---

[054] Conhecida como Crime Bill ou Violent Crime Control and Law Enforcement Act, foi a maior lei criminal da história dos Estados Unidos, promulgada por Bill Clinton em 1994. (N. T.)

[055] Reforma da proteção e segurança social no governo Bill Clinton que restringiu o acesso a benefícios sociais. (N. T.)

ou não. A evidência empírica mostra que a classe trabalhadora dos Estados Unidos, medida por renda, possui uma consistente preferência eleitoral pelos Democratas, e isso permanece verdade mesmo se restringirmos os dados à "classe trabalhadora branca". Mas, ao contrário da lógica de mercado de "interesses", essa prática eleitoral nunca na verdade aumentou o poder da classe trabalhadora e, portanto, a etérea opinião pública americana acaba subordinada ao poder organizativo das vanguardas da direita[29].

O populismo autoritário ter mudado ou não as *ideias* das pessoas é uma questão mal formulada. Seu papel na transformação neoliberal foi atacar a possibilidade de aliança estratégica entre os novos movimentos sociais e a organização nos locais de trabalho. Ideologias tradicionalistas sobre família, religião e nação foram um ataque preventivo contra a potencial barreira política à acumulação que essas alianças poderiam impor a partir de baixo. Como Paul Gilroy aponta:

> **O impulso populista nos padrões recentes de radicalização é uma resposta à crise de representação. A direita criou uma linguagem de nação que ganha apelo populista a partir de ambiguidades calculadas que permitem transmitir a si própria como uma linguagem de "raça". Ao mesmo tempo, os recursos políticos da classe trabalhadora branca são incapazes de oferecer uma visão, linguagem ou prática capaz de fornecer uma alternativa. Elas são incapazes atualmente de representar a classe como uma classe, isto é, fora das categorias em que o capital a estrutura e a reproduz por meio da "raça".**[30]

Para enfrentar a política identitária branca que compõe o populismo de direita que atualmente ocupa a Casa Branca, precisamos fornecer visões, linguagens e práticas alternativas – responder com uma política identitária oposta e pluralista não tem tido sucesso. A "renaturalização do capitalismo" que Wendy Brown descreveu é exatamente um sintoma da derrota e desorganização dos movimentos de massa. Como Brown comentou numa reflexão de 1999 sobre a obra de Hall, o resultado tem sido:

> uma esquerda que se tornou mais ligada a sua impossibilidade do que a sua potencialidade, uma esquerda que quase não sai de casa pensando não em esperança, mas na sua própria marginalidade e fracasso, uma esquerda que está portanto presa na estrutura de ligação melancólica a certos problemas do seu próprio passado morto, cujo espírito é de morte, cuja estrutura de desejo é de olhar para trás e de punir.[31]

É difícil escapar dessa sensibilidade melancólica. Muitas vezes fico surpreso em ouvi-la até mesmo de meus alunos de graduação, que – entre os trabalhos da faculdade e dois ou três empregos parciais – parecem ter ficado sem tempo para cultivar um espírito de otimismo juvenil e rebelde. Cheguei a pensar que essa tristeza é a principal causa da redução da política à identidade pessoal de cada um. Não é somente a ideia de emancipação universal que começou a parecer antiquada e fora de moda. A própria possibilidade de conquistar qualquer coisa além da proteção temporária, confortável e individual parece uma ilusão. Portanto, um apelo para transformações sociais universalmente benéficas é muitas vezes entendido como uma afronta pessoal: em vez da minha reivindicação individual por segurança e reconhecimento, sou apresentado a um objetivo que está além das minhas possibilidades de alcance. Mas, se estivermos atentos às lutas que estão fora dos limites do Estado, a emancipação universal aparece no horizonte.

6.
A UNIVERSALIDADE

No momento em que Ronald Reagan inaugurava a era do neoliberalismo, meus pais imigraram para os Estados Unidos, vindos de Karachi, Paquistão. Esperando seguir carreiras acadêmicas num ambiente de liberdade intelectual e abundância material, se instalaram no meio da Pensilvânia rural, onde não havia mangas no supermercado.

Imaginei a chegada deles quando estava na multidão de manifestantes no Aeroporto Internacional de São Francisco em janeiro de 2017. Era uma multidão diversa, como se vê em aeroportos: uma vastidão de nacionalidades, idades e personalidades. Mas, no lugar de exaustão e ansiedade, essa multidão demonstrava energia e indignação. Gritava alto que *os refugiados eram bem-vindos aqui*, opondo-se à "proibição de muçulmanos". Era tão grande a multidão que conseguiu impedir todos os voos que partiam. Vendo um menino que havia escrito num cartaz a frase "Filho de refugiado", pensei como minha própria vida foi moldada pelo voo que trouxe meus pais aos Estados Unidos. Lembrei-me de tudo que a proibição da entrada de muçulmanos ameaçava destruir – não apenas famílias, mas as vidas e sonhos daqueles que viajavam cruzando oceanos em busca de uma vida nova.

Muitos desejos estimulam os imigrantes a viajar, mas têm em comum aquilo que Sandro Mezzadra, professor da Universidade de Bolonha, chama de "o direito de fugir"[1]: fugir da pobreza e da perseguição, para descobrir novas geografias e falar em novas línguas. O desejo do imigrante é um mundo sem fronteiras, um mundo sem detenções, um mundo no qual os humanos se movem livremente e acolhem todo estrangeiro. É o reconhecimento de que é possível pensar, falar e viver de outro modo.

Talvez exatamente por essa razão, o imigrante representa um problema central para o pensamento político – não um novo problema arquitetado por Trump e seus associados, mas um tão velho quanto o próprio Estado-nação. A contradição fundamental do Estado-nação, como o filósofo francês Étienne Balibar apontou, é o conflito e a interação recíproca entre duas maneiras de definir "povo". Primeiro, *ethnos*: "uma comunidade de filiação imaginada". Segundo, *demos*: "o sujeito coletivo da representação, do processo decisório e dos direitos".

O primeiro sentido do "povo" internaliza a fronteira nacional – é o muro que Trump pretende construir dentro de nossas cabeças. É um sentimento de pertencimento a uma "etnia fictícia", uma comunidade imaginária que é constituída por fronteiras nacionais, mas que na realidade consiste de populações heterogêneas colocadas juntas pela migração e deslocamento – uma pluralidade suprimida pela fantasia de uma essência racial e espiritual unitária.

O segundo sentido de "povo" é o sentido político, o que parece estar expresso em nossa Declaração dos Direitos dos Cidadãos[056]. Destinada a ser aplicada independentemente da identidade;

---

056 Bill of Rights, em inglês, é o nome pelo qual são conhecidas as dez primeiras emendas da Constituição dos Estados Unidos. (N. T.)

é a canção da Estátua da Liberdade, que oferece suas liberdades a toda multidão amontoada e ansiosa por respirar livremente, indiferente a suas particularidades.

A contradição entre essas duas noções é o pecado original do Estado-nação americano. São as primeiras palavras do seu primeiro documento oficial: "Nós, o povo"[057], diz o preâmbulo da Constituição, escrita por donos de escravos. Como Balibar aponta:

> Essa construção associa estreitamente a universalidade democrática dos direitos humanos... com um pertencimento nacional particular. É por isso que a composição democrática do povo na forma de nação leva inevitavelmente a sistemas de exclusão: a divisão entre "maiorias e "minorias" e, mais profundamente ainda, entre populações consideradas nativas e aquelas consideradas estrangeiras, heterogêneas, que são estigmatizadas culturalmente ou racialmente.[2]

Essa contradição da democracia veio claramente à tona na Revolução Francesa, com sua Declaração dos Direitos do Homem e do Cidadão. Em 1843, o jovem Karl Marx submeteu essa declaração a um escrutínio crítico. Em *Sobre a questão judaica*, Marx estava respondendo em primeiro lugar à crítica que Bruno Bauer fazia da reivindicação de emancipação dos judeus. Segundo Bauer, qualquer identidade, religiosa ou outra, era necessariamente excludente e, portanto, incompatível com a emancipação universal. Bauer argumentava que reivindicar a emancipação da identidade específica do judeu reproduzia essa exclusão, que havia sido levada ao extremo pelo Estado cristão. A emancipação

---

057 "Nós, o povo dos Estados Unidos, a fim de formar uma União mais perfeita, estabelecer a justiça, assegurar a tranquilidade interna, prover a defesa comum, promover o bem-estar geral e garantir para nós e nossos descendentes os benefícios da Liberdade, promulgamos e estabelecemos esta Constituição para os Estados Unidos da América." Abertura da Constituição norte-americana, de 1787. (N. E.)

política seria necessariamente universal e requereria assim uma espécie de desindentificação[3].

Mas Marx apontou que a emancipação política secular, a separação entre Igreja e Estado em nome dos direitos universais, não havia na prática superado a superstição religiosa. Como é sabido, ele citou profeticamente os Estados Unidos como exemplo. Marx afirmava que isso se devia aos direitos serem concedidos aos indivíduos e, portanto, eram direitos do "homem egoísta, do homem separado dos outros homens e da comunidade"[4]. Proteger os direitos do indivíduo na esfera política não significava o fim da opressão pelas autoridades religiosas e pelos donos da propriedade. Portanto, nem o universalismo abstrato e aristocrático de Bauer e nem o particularismo de uma minoria poderia levar a uma verdadeira emancipação humana. Para isso seria necessário ir além da emancipação política, superando a exploração do mercado.

Num artigo sobre a relevância de Marx para a análise da atual política identitária, Wendy Brown resume seu complexo argumento:

> **Historicamente, os direitos surgiram na modernidade como veículo de emancipação da privação de direitos políticos ou da servidão institucionalizada, mas também como meio de privilegiar uma classe burguesa emergente dentro de um discurso de igualdade formal e de cidadania universal. Portanto, eles surgiram como meio de proteção contra o uso arbitrário e abuso do poder soberano e social, e como um modo de garantir e naturalizar os poderes sociais dominantes.**[5]

Isso implica um "paradoxo" ao liberalismo, que persiste nos dias de hoje. Quando os direitos são concedidos a indivíduos "vazios", abstratos, eles ignoram as formas sociais reais de desigualdade e opressão que parecem estar fora da esfera política.

No entanto, quando as especificidades das identidades lesadas são trazidas ao conteúdo dos direitos, Brown aponta que elas são "mais propensas a se tornar lugar de produção e regulação da identidade como lesão do que veículos de emancipação"[6]. Em outras palavras, quando a linguagem liberal dos direitos é usada para defender uma identidade de grupo concreta da lesão física ou verbal, esse grupo acaba definido pela sua vitimização e os indivíduos acabam reduzidos a seu pertencimento como vítimas.

Brown mostra como essa lógica esvazia a lógica por trás de uma corrente influente (embora controversa) do feminismo: a tentativa de Catherine MacKinnon de corrigir o viés masculino da lei. O feminismo antipornografia de MacKinnon era baseado na premissa de que o direito de liberdade de expressão entrava em conflito com o direito das mulheres de se verem livres da subordinação sexual. Mas, como Brown pergunta: "Uma definição das mulheres como subordinação sexual e a codificação dessa definição em lei agem no sentido de libertar as mulheres da subordinação sexual ou, paradoxalmente, reinscreve a feminilidade como violabilidade sexual?".[7] A crítica de Brown sugere que, quando os direitos são reivindicados por um grupo identitário específico, e o horizonte político se limita à defesa dessa categoria, seus membros acabam fixados como vítimas. Os próprios direitos acabam reduzidos à reação a uma lesão infligida a essa vítima. Seu conteúdo emancipatório desaparece. Portanto, apresentando um argumento legal que tenta dar aos direitos um conteúdo substancial, um conteúdo de identidades específicas, MacKinnon acaba produzindo uma categoria fixa e passiva de "mulher". A possibilidade das mulheres de se organizar contra a opressão sexual, o tipo de organização que implica ação de massa autodirigida, acaba neutralizada por um discurso legal.

Esse é exatamente o problema que vem à tona na atual "questão muçulmana". Na França, essa questão foi debatida em 2004 quando o uso do hijab[058] foi proibido nas escolas públicas. A

---

058 Conjunto de vestimentas femininas preconizado pelo islamismo. (N. E.)

questão então foi: o hijab deveria ser defendido porque os muçulmanos são definidos pelo fato de o usarem? A liberdade da população migrante francesa reside numa resposta defensiva à lesão infligida pela proibição do lenço na cabeça? Com certeza o racismo inerente à proibição do acessório muçulmano deve ser condenado e atacado. Mas, na medida em que a questão é enquadrada como uma defesa dos direitos dos muçulmanos, a perspectiva da tolerância liberal prende os muçulmanos que ela diz defender dentro de uma identidade vitimizada, em vez de levá-los a um projeto de emancipação coletiva.

Como Alain Badiou apontou no seu livro *Ética*, esse paradigma liberal dos direitos e da defesa de vítimas é a base do imperialismo, da chamada "intervenção humanitária". A missão civilizatória do imperialismo, o "fardo do homem branco", seria defender a mera existência física de um povo. As pessoas são reduzidas a animais, excluídas da política. Por serem tão incapazes de agir politicamente por si próprias, necessitariam da proteção do Estado. Badiou pergunta: "Quem não consegue ver que essa ética repousa sobre a miséria que o mundo esconde, atrás do seu homem-vítima, o homem-bom, o homem-branco?". Uma intervenção conduzida "em nome da civilização requer um desprezo inicial pela situação como um todo, incluindo suas vítimas". O discurso autocongratulatório de responsabilidade moral de hoje em dia e a ética da intervenção militar – que vêm, como Badiou aponta, "após décadas de corajosas críticas ao colonialismo e ao imperialismo" – acrescentam pouco mais do que uma "autossatisfação sórdida no 'Ocidente', com o argumento insistente de que a miséria do Terceiro Mundo é resultado da sua própria incompetência, da sua própria inanidade – em suma, da sua sub--humanidade"[8].

É possível ir além do paradigma liberal da vitimização e do paradoxo dos direitos? Temos uma forte base histórica para tanto se entendermos esse paradoxo como expressão do antagonismo político concreto, como o professor italiano Massimiliano Tomba o faz na sua comparação das duas versões francesas da Declaração dos Direitos do Homem. Tomba argumenta que a primeira Declaração de 1789 fundamenta os direitos num *universalismo jurídico*: "o universalismo que vem de cima e que implica um sujeito de direito que é ou passivo, ou uma vítima que necessita de proteção". Seja uma mulher a ser protegida do discurso pornográfico ou um muçulmano a ser protegido do preconceito religioso, o universalismo jurídico não confere nenhuma capacidade de ação a esses sujeitos – suas únicas existências políticas são mediadas pela proteção do Estado. A declaração de 1793, em contraste, manifesta uma *universalidade insurgente*, trazida ao palco histórico pelas sublevações de escravos na Revolução Haitiana, pela intervenção das mulheres no processo político que as excluía e pelas reivindicações dos *sans-culottes* ao direito à comida e à vida. Ela "não pressupõe nenhum portador abstrato de direitos", escreve Tomba, mas, em vez disso, "refere-se a indivíduos concretos e particulares – mulheres, pobres, escravos – e suas capacidades de ação política e social". Aqui encontramos um novo paradoxo: "a universalidade desses indivíduos concretos e particulares atuando nas suas situações específicas é mais universal do que o universalismo jurídico dos abstratos portadores de direitos"[9].

Em 1799, a França solicitou ao líder revolucionário haitiano Toussaint L'Ouverture, como parte do acordo de paz, que escrevesse nas bandeiras de seu exército: "Bravos negros, lembrem-se de que somente a França reconhece a liberdade e a igualdade dos vossos direitos". Ele recusou, apontando a escravidão que continuou nas outras colônias francesas. Respondeu em uma carta a Napoleão Bonaparte: "Não é uma liberdade circunstancial, concedida apenas a nós, que queremos; é a *absoluta adoção* do princípio de que nenhum homem, nascido vermelho, preto ou branco, possa ser propriedade de outro"[10].

Ainda é possível reivindicar o legado dessa universalidade insurgente, que nos diz que não somos vítimas passivas, mas agentes ativos de uma política que demanda liberdade para todos. Foi por essa razão que fiquei impressionado com a beleza da multidão no Aeroporto de São Francisco: a decisão de tantos, sem interesse pessoal, em defender os direitos de todos os imigrantes. Aqueles que não tinham nada a perder além do seu próprio conforto e segurança de momento, estavam lá junto com as crianças dos refugiados, gritando tão alto quanto elas. Deram vida ao que Badiou chama de uma "máxima igualitária própria de qualquer política emancipatória"[11]. É uma máxima que clama incondicionalmente pela liberdade daqueles que não são como nós. E como todo imigrante sabe, ninguém é como nós, e nós não somos sequer como nós mesmos.

Hoje é costumeiro denominar os grupos tidos como estrangeiros ou estranhos como "o Outro" – uma relação que se diz operar uma degradação redutiva. Mas, como Badiou aponta em *Ética*, o Outro já está em todos os lugares, até mesmo em você:

> **O que existe é pura e simplesmente alteridade infinita. Toda experiência é o desdobramento infinito de diferenças infinitas. Mesmo a experiência aparentemente reflexiva de mim mesmo não é, de modo algum, a intuição de uma unidade, mas um labirinto de diferenciações. Rimbaud certamente não estava errado quando disse: "Eu sou outro". Há tantas diferenças entre um camponês chinês e um jovem profissional norueguês quanto entre mim e qualquer um, incluindo eu mesmo.**[12]

Esse aparente paradoxo foi ilustrado por um cartaz que um manifestante no aeroporto segurava, no qual se lia "Os judeus estão com os muçulmanos". O slogan se baseia naquilo que Judith Butler descreve como "recursos judaicos para a crítica da violência estatal, da subjugação colonial de populações, da expulsão e espoliação", assim como "valores judaicos de coabitação com não judeus que são parte da própria substância ética do judaísmo diaspórico". O apoio a refugiados muçulmanos pode ser fundamentado numa tradição ética que é central à história judaica. No entanto, Butler argumenta que desenvolver uma crítica do colonialismo de Israel requer uma rejeição da afirmação de "recursos éticos excepcionais do judaísmo".

Há uma ambivalência fundamental aqui. É na "significativa tradição judaica que afirma modos de justiça e igualdade" que Butler baseia sua crítica do sionismo. Mas, desse modo, a ideia de excepcionalidade de qualquer tradição é posta em questão. Criticar o sionismo e afirmar a justiça e igualdade significa ir além de todo tipo de excepcionalismo – portanto "requer o afastamento do judaísmo como quadro exclusivo para pensar a ética e a política"[13].

Aqueles de nós de linhagem muçulmana terão que reivindicar nossa própria ambivalência. Podemos começar lembrando o poeta marxista paquistanês Faiz Ahmad Faiz, que escreveu seu famoso poema "Hum Dekhenge" ("Vamos Ver") em 1979, como protesto à ditadura islâmica de Muhammad Zia-ul-Haq. Na tradição da poesia urdu, Faiz adotou a linguagem do Islã, atacando Zia como idólatra e oferecendo uma profecia revolucionária:

> **Quando soar o grito**
> **"Eu sou a Verdade"**
> **A verdade que eu sou**
> **E que você é também**
> **Toda a criação de Deus governará**
> **Que eu sou**
> **E você é também**

Movendo-se pela linguagem islâmica, Faiz foi capaz de apontar para uma política além do excepcionalismo, uma possibilidade que seu marxismo forneceu. Colocamos essa política em prática quando nos posicionamos ao lado de outros e agimos de acordo com a máxima igualitária. Luto pela minha própria libertação exatamente porque luto pela libertação do estrangeiro, do estranho.

Na verdade, aqueles que o pensamento liberal reduz a vítimas passivas sempre foram agentes políticos ativos, a fonte da universalidade insurgente. Nas palavras de C.L.R. James: "A luta das massas por universalidade não começou ontem"[14]. O seminal livro de Paul Gilroy, *O Atlântico negro*[059], mostra que os intelectuais negros radicais que adotaram a herança do Iluminismo, como prefigurado na Revolução Haitiana, chegaram a articular uma "contracultura da modernidade". Esse foi precisamente um exemplo de uma alteridade fundante que é resumida na palavra *diáspora* e que liga as experiências africanas e judaicas. Gilroy argumenta que a diáspora quebra com "a ideia de nacionalismo cultural" e com "as concepções superintegradas de cultura que apresentam diferenças étnicas, imutáveis, como um fosso intransponível nas histórias e experiências de 'negros' e 'brancos'". Ela nos força a enfrentar uma realidade muito mais difícil e complicada: "creolização, métissage, mestizaje e hibridismo", os quais, do "ponto de vista do absolutismo étnico", são pouco mais do que "uma litania de poluição e impureza". Mas esse absolutismo étnico, Gilroy mostra muito bem, obscurece as ricas heranças culturais que surgem de "processos de mutação cultural e de (des)continuidade inquieta que excedem o discurso racial e evitam a captura por seus agentes"[15]. Demita Frazier, do Combahee, apontou que esse excesso para além da identidade estava em ação na proposta inicial de "política identitária" do Coletivo:

> Nós na verdade nunca, até onde posso dizer, no que diz respeito à definição clássica, praticamos realmente o que as pessoas agora chamam de política identitária. Porque a parte central e o foco central não eram um aspecto da nossa identidade, mas a totalidade do que significava ser uma mulher negra na diáspora.[16]

Porém, abraçar a contracultura radical da modernidade não significa uma adoção acrítica do Iluminismo europeu. Gilroy

[059] Publicado no Brasil em 2012 pela Editora 34, com tradução de Cid Knipel Moreira. (N. E.)

critica a exaltação da história intelectual europeia como uma expressão da "complacência conservadora" de hoje em dia, que romantiza o passado europeu e "busca calmamente restabelecer os universalismos ingênuos e irrefletidos – liberal, religioso e etnocêntrico". O projeto da universalidade insurgente não é desenvolvido por pretensos marxistas que se engajam em exaltações acríticas e a-históricas do Iluminismo, posição velha e cansativa. Gilroy aponta que essas análises preguiçosas "permanecem substancialmente inalteradas pelas histórias de barbárie que parecem ser uma característica tão proeminente da crescente lacuna entre a experiência moderna e a expectativa moderna":

> Há um sentido limitado, por exemplo, de que a universalidade e a racionalidade da Europa e dos Estados Unidos iluministas foram usadas para sustentar e realocar, em vez de erradicar, uma ordem de diferença racial herdada da era pré-moderna. A figura de Cristóvão Colombo não parece complementar o par consagrado formado por Lutero e Copérnico, que é implicitamente usado para marcar os limites dessa compreensão particular da modernidade. Os interesses coloniais de Locke e o efeito da conquista das Américas em Descartes e Rousseau são simplesmente ignorados.

Nessa leitura da modernidade, não são apenas os crimes da Europa iluminista que são apagados, mas também a centralidade do Atlântico negro:

> Nesse cenário, não é surpresa que, quando chega a ser considerada relevante, a história da escravidão é de algum modo atribuída aos negros. Ela se torna nossa propriedade especial, em vez de ser uma parte da herança intelectual e ética do Ocidente como um todo. O que só é melhor que a

resposta alternativa comum que vê a escravidão das fazendas como um resíduo pré-moderno que desapareceu quando se revelou fundamentalmente incompatível com a racionalidade iluminista e a produção industrial capitalista.[17]

Uma posição universal só pode ser alcançada se levarmos a sério a "avaliação da modernidade colonial", se nos basearmos na contracultura do Atlântico negro para darmos vida ao que Gilroy chama de um "universalismo estratégico" que vai além da Europa[18]. A universalidade não existe em abstrato, como princípio prescrito a ser mecanicamente aplicado independentemente das circunstâncias. Ela é criada e recriada pelo ato de insurgência, o qual não reivindica a emancipação unicamente para aqueles que compartilham minha identidade, mas para todos; a universalidade diz que ninguém será escravizado. Ela igualmente recusa congelar os oprimidos num status de vítimas que necessitam de proteção de cima; insiste que a emancipação é autoemancipação.

Das insurreições nas fazendas ao Coletivo Combahee River, essa é uma universalidade que necessariamente enfrenta o capitalismo e se opõe a ele. O anticapitalismo é um passo necessário e indispensável nesse caminho. Como Barbara Smith colocou, invocando uma parte do legado do Coletivo Combahee River que deve ser revivido e protegido:

> O motivo do feminismo negro do Combahee ser tão potente é que ele é anticapitalista. Pode-se esperar que o feminismo negro seja antirracista e se oponha ao sexismo. Mas o anticapitalismo é o que lhe dá a radicalidade, a intensidade, a profundidade, o potencial revolucionário.[19]

C.R.L. James mostrou que todo compromisso *desse* tipo de universalidade, cada passo para longe da primazia da insurgência e do potencial revolucionário da organização anticapitalista, levava de volta ao particularismo da ordem existente. Essa regressão poderia ser levada a cabo por qualquer identidade, assim como os líderes da Revolução Haitiana no final impuseram a escravidão assalariada à população recém-emancipada. Como James escreveu em *Os jacobinos negros*[060]:

> **A traição política não é monopólio da raça branca. E essa traição abominável logo após as insurreições mostra que a direção política é uma questão de programa, estratégia e tática, e não da cor de quem dirige, de sua unicidade de origem com seu povo e nem dos serviços prestados.**[20]

Em 1957, James encontrou Martin Luther King Jr. e Coretta Scott King em Londres, quando viajavam de volta para casa vindos de Gana. James, no período que escreveu o livro *Nkrumah and the Ghana Revolution*, ouviu com grande interesse a história de boicote aos ônibus de Montgomery[061] no Alabama. Mais tarde ele escreveu uma carta a King, explicando que havia enviado um exemplar de *Os jacobinos negros* a Louis Armstrong e sua esposa, Lucille, com instruções para enviá-lo a King após terem lido. Ele acrescentou: "Você deve ter percebido que meu quadro de referência político não é a 'não cooperação', entretanto examino toda ação, estratégia e tática política em termos de ser bem-sucedida ou não"[21]. Elaborando sobre o encontro numa carta a seus companheiros nos Estados Unidos, ele resumiu o que todas as ações políticas bem-sucedidas tinham em comum: "o poder sempre ignorado do movimento de massa"[22]. Foi esse movimento de massa que acabaria com a segregação nos anos 1960, estabelecendo um novo campo de luta política, no qual continuamos tentando achar nosso caminho.

---

060 Publicado em 2000 pela Boitempo, com tradução de Afonso Teixeira Filho. (N. E.)
061 Ocorrido nos anos 1955 e 1956, esse boicote no qual Luther King Jr. esteve envolvido se opunha à segregação racial que havia no transporte público. (N. T.)

Programa, estratégia e táticas. Nosso mundo está com extrema necessidade de uma nova universalidade insurgente. Somos capazes de produzi-la; todos somos, por definição. O que nos falta é um programa, estratégia e táticas. Se deixarmos de lado o refúgio da identidade, essa discussão poderá começar.

POSFÁCIO

É estranho para mim folhear agora *Armadilha da Identidade*. Pergunto-me se conheço o autor: por que o escreveu, o que significou para ele, como ele teria se sentido em relação às discussões que provocou? Quando o livro apareceu nas mãos dos leitores, ele estava em processo de se tornar outra pessoa: essa não identidade, essa multiplicidade irredutível que o fez batalhar em busca de uma linguagem para expressar.

Há uma autobiografia da não identidade que abre e permeia *Armadilha da Identidade* – mas ao se tornar parte da minha biografia, o livro a reescreveu. Ficamos tentados a escrever cada biografia no futuro anterior, para ver na infância o que o autor se tornará. Talvez a tentação nunca seja maior do que quando escrevemos as nossas próprias biografias, por mais intolerável que seja imaginar que poderíamos ter nos tornado algo diferente do que somos. Mas devemos conceder a cada autor, inclusive a nós mesmos, o tempo para crescer. Não é nada mais do que isso que foi apresentado nas palavras que abrem *Armadilha da Identidade*: "Todos nós nascemos em algum lugar". E, de fato, nasci onde estava, do acidente que, com o tempo, vira necessidade.

Em *Armadilha da Identidade*, o meu lugar de nascimento indicava a diferença e o hibridismo primordiais que se converteram no local de um compromisso político. Não repetirei o que você já leu nas páginas anteriores, aquela história pessoal e política possui uma relação obscura com a afirmação de que o pessoal é político. A obscuridade surge, no entanto, devido à corretude banal dessa afirmação, tão profundamente correta que todos os grandes pensadores políticos lhe dedicaram a máxima atenção, desde a proposta de Platão da abolição da família até a descrição que Hegel faz dela como a forma imediata da vida ética. Introduzida no feminismo radical por Carol Hanisch em 1970, a afirmação já indicava uma lacuna e um deslocamento – o político deslocado para o pessoal, onde não poderia ser resolvido, conduzindo, portanto, de volta ao político. As relações sociais impessoais, incluindo aquelas que são apressadamente enfiadas na mochila da identidade, fazem parte da ordem institucional de qualquer sociedade, codificadas em estruturas jurídicas assim como realizadas na vida cotidiana.

No entanto, passei a pensar que a política emancipatória pertence a um registro que não é nem o do pessoal nem o do político, nem o da sua unidade na ordem institucional dentro da qual somos formados. A prática política perturba essa unidade em nome de outro ordenamento possível da vida humana. Ela não ocorre com muita frequência.

Armadilha da Identidade foi publicado em maio de 2018; um aniversário auspicioso. Meio século desde aquele ano de revolução global, que incluiu as grandes greves de Maio de 1968, que tiveram lugar não só em Paris mas também em Detroit – que levaram à formação da Liga dos Trabalhadores Negros Revolucionários que teve uma influência fundamental no meu pensamento. Foi também o ano em que o movimento estudantil na Itália "descobriu" a luta de classes e adotou a palavra de ordem "poder operário", pressagiando o explosivo

"Outono Quente" de greves de massas no ano seguinte. Durante a década anterior, essa história italiana havia sido igualmente fundamental para mim, desde que li os poucos e dispersos excertos disponíveis em inglês de *Operários e Capital*, de Mario Tronti. Ao longo dessa década da minha vida, fiquei surpreso ao descobrir a convergência desses fios – ilustrada por uma viagem feita por John Watson da Liga à Itália em 1968 – que na verdade permeou suas pré-histórias: o contato entre o grupo em torno de C.L.R. James[001] e Grace Lee Boggs, tão influentes em Detroit, e o grupo francês *Socialisme ou Barbarie*, cujas ideias influenciaram não só os movimentos estudantis e operários decisivos para o Maio de 1968, mas também os próprios operaístas italianos, que por sua vez estavam fascinados com as lutas nos EUA, lendo e eventualmente traduzindo e escrevendo sobre W.E.B. Du Bois[002] e Malcolm X.

A revista *Viewpoint*, que lancei em 2011 com Salar Mohandesi, foi inicialmente o resultado parcial desse encontro com a história. Tais convergências históricas nos entusiasmaram para elaborar uma convergência teórica entre o legado revolucionário do país onde nascemos e daquele país cuja distância parecia apenas estimular a produção de conceitos.

No cenário das revoltas nas fábricas na década de 1960, esses conceitos chegaram na hora certa. Mas em 2011, eles atuaram nos bastidores. O movimento Occupy apontou para a possibilidade da luta de classes de uma forma que parecia sem precedentes na minha vida, através da linguagem dos 99%. Mas esse

---

001 Sobre C.L.R. James, cf. *Uma História da Revolta Pan-Africana*. Tradução de Alexandre Boide. São Paulo: Veneta, 2023.
002 Sobre W.E.B. Du Bois, cf. *As Almas do Povo Negro*. Tradução de Alexandre Boide. São Paulo: Veneta, 2021.

era de fato um *slogan* sem conceito, um espaço vazio onde esperávamos que a luta de classes emergisse – estatísticas não são um conceito de classe. E houve um debate considerável nesse período exatamente sobre quais conceitos de classe seriam adequados para o presente: o velho proletariado, o novo proletariado, o precariado, a multidão, a população excedente. E assim como tentamos extrair conhecimento da época em que a luta de classes era uma referência universal para a política revolucionária, nos deparamos com os seus limites históricos. Tais teorias da luta de classes se situavam num período em que o desenvolvimento capitalista era impulsionado pela produção industrial; e de fato o operaísmo[003] italiano na década de 1970 já havia confrontado essa questão. Um impulso operaísta básico foi dizer que a figura hegemônica do operário industrial tinha sido substituída por uma nova figura hegemônica – o operário social, ou algo nesse sentido. Mas isso parecia não lidar com uma questão conceitual mais profunda: seria viável uma teoria identificar, primeiramente, uma figura hegemônica da classe trabalhadora e conceber o processo histórico como uma sucessão de composições de classe? Uma vertente do operaísmo reconheceu os problemas dessa visão, que veio à tona quando a investigação histórica se estendeu para além do trabalho industrial, abrangendo a escravidão e outras formas de trabalho forçado, especialmente o trabalho de imigrantes.

Apesar da presença ocasional da expressão "composição de classe", mesmo essa poderosa e sofis-

---

003 O operaísmo (do italiano *operaio*, "operário"), é um movimento político e uma corrente marxista heterodoxa e antiautoritária — ou neomarxista — italiana surgida em 1961 em torno da revista *Quaderni Rossi*, fundada naquele ano pelo socialista dissidente Raniero Panzieri.

ticada abordagem não desempenha um papel conceitual importante em *Armadilha da Identidade*. À medida que o movimento Occupy refluía, a campanha de Bernie Sanders apresentava as possibilidades e os limites da social-democracia; e à medida que o Black Lives Matter surgia, a teoria marxista proliferou numa série de revistas, um ecossistema editorial do qual a *Viewpoint* fazia parte. *Armadilha da Identidade* registra, para mim, uma iniciativa de responder questões que ainda não haviam sido formuladas – escrever o livro foi justamente o processo que me permitiu formular essas questões.

Um mês antes da publicação de *Armadilha da Identidade*, fui convidado a escrever um artigo sobre Martin Luther King Jr. para o aniversário de 1968. Massimiliano Tomba acabava de me enviar o manuscrito de seu livro *Insurgent Universality: An Alternative Legacy of Modernity* [Universalidade insurgente: um legado alternativo da modernidade] (2019), cujo conceito do título já havia sido apresentado em artigos que haviam constituído uma parte importante no desenvolvimento do meu argumento. Extraí de Tomba a distinção entre o universal*ismo* dos abstratos detentores de direitos — que confinavam a política à proteção do Estado — e a universalidade que surge em atos de revolta relativos à ação das pessoas comuns. Trata-se de um conceito tão poderoso que frequentemente os leitores consideram como a principal contribuição do livro – um elogio um tanto misto para mim, já que não é ideia minha, e para Tomba, já que na verdade a ideia é dele. Os leitores agora têm a grande sorte de poder ir direto à fonte. Entretanto, comecei a trabalhar na elaboração da minha própria abordagem, começando pela questão do universal, mas sentindo que não era exatamente essa a palavra que eu procurava.

Testei isso no meu artigo sobre King, impressionado não só pelo universalismo de King, mas pela forma como estava ligado à subjetividade política, e como ambos foram articulados na linguagem teológica. Eu havia encontrado a mesma convergência de temas uma década antes, exatamente ao mesmo tempo em que lia Tronti, mas no livro *São Paulo: A Fundação do Universalismo* (1997), de Alain Badiou. Lembrei-me disso ao ler Martin Luther King Jr. dez anos depois, impressionado com um momento que para mim capturou uma experiência fundamental da política: uma espécie de teste de fé diante do medo e do desespero, a coragem e o comprometimento que são demonstrados por aqueles que perseveram. Não podemos dar nenhuma explicação social para essa condição básica da política; é subjetivo e prescritivo. Mas não fui além disso e o artigo foi rejeitado. Nesse ínterim, vi-me completamente envolvido por convites para falar sobre o livro, dar entrevistas e escrever artigos sobre o tema, o que de certa forma me manteve nessa lacuna, nessa indeterminação teórica em que me encontrava. Um texto chamado "Organizing Histories" [Organizando histórias], escrito para o lançamento do livro – uma questão sobre a qual eu já tinha muitos esclarecimentos a fazer –, me parece retroativamente uma espécie de intervenção à distância, uma iniciativa para desestabilizar os pressupostos que muitos projetariam no livro. Percebi que havia certas lacunas históricas na etimologia que tracei em *Armadilha da Identidade*. Compilei notas para preenchê-las, mas não encontrei oportunidade de apresentá-las. Mantive uma política geral de não responder a comentários, com uma exceção. Escrevi "Zombie Manifesto" [Manifesto zumbi] porque me pareceu que a crítica à qual respondia tinha levado não só os meus detratores, mas também os meus defensores, a usarem as palavras de uma forma muito diferente da forma que eu as usava.

Porém, no dia anterior à sua publicação – assim indica a minha correspondência – li um artigo de Sylvain Lazarus chamado "Anthropologie ouvrière" [Antropologia operária], que eu tinha encontrado anos antes durante minha pesquisa sobre composição de classe. Como a sua abordagem e contexto estavam bastante distantes do material que estávamos pesquisando, apenas passei os olhos nele. Acabei recorrendo a ele porque em todos estes debates encontrei frequentes formulações que começavam com: "Os socialistas pensam que...". Os socialistas pensam que a classe trabalhadora é a única força que pode mudar a sociedade – com certeza. Os socialistas pensam que raça e classe são inextricáveis – talvez, ou pelo contrário, que só uma política de classe pode resolver os problemas identificados erroneamente em termos de raça.

Muitas dessas afirmações são possíveis. Mas preencher o espaço em branco que se seguiu a "Os socialistas pensam..." me pareceu na verdade uma injunção para não pensar. Lembrei-me de que, em um subtítulo, Lazarus apresentou uma oposição entre a "consciência operária" e a afirmação de que "os operários pensam". A consciência tinha sido igualmente objeto de crítica no operaísmo – o conceito de composição de classe, como Mohandesi escrevera num artigo popular, era uma alternativa à consciência de classe. As relações formadoras de classe nem sempre são conscientes; a consciência é um efeito das ações, das formas concretas do processo de trabalho e da organização política. Neste sentido, a oposição apresentada por Lazarus parecia ser consistente com uma visão anterior.

No entanto, tive a sensação incômoda de que havia ali uma abordagem diferente que representava uma ameaça à minha estabilidade teórica. Não direi de forma teleológica que ali havia as respostas que eu procurava. Muito pelo contrário: ali encontrei questões inteiramente novas. Questionei-me se os argumentos que apresentei no livro eram totalmente consistentes com a minha formação anterior num tipo particular de marxismo; analisando a recepção do livro, comecei a duvidar de que fosse suficiente questionar a identidade como fundamento da política a partir do ponto de vista de outro fundamento. Indo mais longe, mudei a minha ênfase de pensar sobre classe como uma categoria sociológica em favor de uma investigação *política* dos sucessos e fracassos das revoluções do século XX. Passei a pensar que esse conjunto de sequências trazia os desafios de manter uma *política emancipatória* hoje. Não estou comprometido com uma abordagem única, e ainda tenho muitos quebra-cabeças para resolver. Mas me pergunto aonde poderia chegar o argumento da *Armadilha da Identidade*, se começássemos novamente do início.

Eu sabia que havia duas perguntas que surgiriam em todas as palestras sobre *Armadilha da Identidade*. A primeira: o que fazer? Sempre respondi que a questão estava resolvida em 1902. A segunda: mas qual *é* realmente a relação entre raça e classe, ou entre racismo e capitalismo? Essa pergunta me recusei a responder. Eu queria resistir ao pressuposto de que se pudermos demonstrar através da análise social que raça e classe estão fundamentalmente relacionadas, então garantiríamos uma prática política correta referente a ambas. Queria insistir que o nosso ponto de partida deveria ser a política emancipatória, rejeitando qualquer fundamento e garantia na análise social. A análise social só emergiria posteriormente, a partir das formas de pensamento e ação de uma sequência política.

Como é feita essa análise social? Existem muitas abordagens para definir a especificidade do capitalismo. Uma delas é criar um modelo do que é o capitalismo, simplesmente porque a história é demasiado confusa. Há muita variação ao longo do tempo e do espaço, muitos fatores contingentes, por isso tentamos retirar tudo para chegar à essência, ao modelo puro do que é uma sociedade capitalista, e a partir daí podemos deduzir os seus aspectos necessários. Com base nesse modelo, poderíamos afirmar que a luta de classes é intrínseca ao capitalismo e a raça não, porque com base no modelo é possível conceber uma sociedade capitalista na qual a raça não desempenhasse um papel determinante. Você poderia, por outro lado – motivado provavelmente pela estratégia retórica e não pela precisão analítica –, produzir um modelo ainda mais ornamentado em que a raça esteja entre as suas engrenagens e alavancas.

Na realidade, porém, o capitalismo e a classe não são modelos: existem formações sociais capitalistas específicas, existem composições de classe específicas e existem processos específicos pelos quais as classes são geradas. As estatísticas, como mencionei anteriormente, não são conceitos de classe; nem constituem um conceito de raça. Apesar de toda a matemática que você encontrará nos três volumes de *O Capital* (1867)[004], em última análise a teoria do modo de produção capitalista não é matemática. A título ilustrativo: não podemos dizer que a manhã do dia de trabalho

---

004 Cf. Marx, Karl. *O Capital:* extratos por Paul Lafargue. Tradução de Abguar Bastos. São Paulo: Veneta, 2014.

é dedicada à reprodução da força de trabalho e que a mais-valia é produzida depois do almoço. Quando se trata de raça e classe, a tentativa de atribuir maior causalidade a um fator poderia consistir numa análise estatística: que 65% do tabaco na Virgínia colonial foi produzido pelo capitalismo e 35% pela supremacia branca. Alguns colocam a questão de forma diferente e perguntam se o capitalismo *precisa* do racismo, tal como um capitalista de risco pode precisar de um copo de kombucha fresco todas as manhãs. Mas mesmo perguntar se o capitalismo precisa ou não de alguma coisa se baseia na premissa de que pode haver uma história do capitalismo diferente daquela que realmente aconteceu.

Existem riscos ainda maiores quando esse método é mobilizado para uma teoria geral da raça. Isso porque não existe raça, mas apenas regimes específicos de racialização. Isto é, em primeiro lugar, raça não tem realidade biológica ou civilizacional; é uma forma falsa de compreender a variação nos seres humanos e que equipara falsamente a natureza e a cultura como funções dessa variação. Se acreditarmos que a raça é real, então estamos no domínio da ideologia racial, que obscurece as relações sociais reais que a produzem. Em vez disso, precisamos de análises concretas da produção da raça. Stuart Hall escreveu no seu indispensável artigo "Race, Articulation, and Societies Structured in Dominance" [Raça, articulação e sociedades estruturadas em dominação] que para teorizar "formações sociais racialmente estruturadas" temos de começar com "a premissa da especificidade histórica". Em vez de tratarmos o racismo como "uma característica geral das sociedades humanas", investigamos "racismos historicamente específicos". Certamente pode haver pontos em comum entre essas diferentes formações sociais, e podemos encontrar diferentes noções de raça ao longo da história. Mas precisamos compreender como elas se *encaixam* nessas formações sociais específicas e como são reconfiguradas quando outras relações na formação social passam por transformações.

Portanto, a raça não é trans-histórica e não deve ser entendida como real – exceto no sentido de que qualquer ideologia se refere a relações sociais reais, isto é, ela é produzida por práticas e instituições reais e tem efeitos reais. Na verdade, a ideologia racial é imaginária: é uma *representação* da forma como vivemos a nossa relação com as condições reais, através dos símbolos e imagens que circulam entre nós. O que ela representa é a divisão das populações em grupos com base em características físicas arbitrárias, correspondendo à sujeição de certas pessoas à maior violência e exploração. Em outras palavras, o racismo é real como relação social e produz uma ideologia de raça, de diferença biológica e civilizacional, que é falsa – mas tem efeitos reais – e que reproduz as relações sociais do racismo.

É por essa razão que critico a associação da identidade com raça. Se a identidade se tornar uma categoria geral que abrange não só a raça, mas também o gênero e a sexualidade, se ela se tornar trans-histórica e abranger tudo, perderemos totalmente a especificidade necessária para uma análise materialista. Além disso, a identidade tem uma função particular dentro da ideologia racial: ela associa a raça aos fenômenos experienciais de autodefinição, de pertencimento a um grupo e de reconhecimento social. Esses fenômenos experienciais não explicam os processos complexos que atribuíram as chamadas raças às pessoas. A linguagem da identidade obscurece esses processos complexos.

Aqui, porém, as coisas ficam complicadas, porque também podemos ter uma concepção imaginária de classe. Não estou afirmando que a classe também é uma identidade, ou que toda política é política identitária; lembre-se de que não acredito que a raça deva ser entendida como uma identidade. Há, na verdade, uma política identitária prevalecente na esquerda que gira em torno da obtenção de um maior reconhecimento para a classe trabalhadora, da reparação de suas lesões e da conquista de uma redistribuição mais equitativa de recursos – trata-se de uma afirmação identitária da classe trabalhadora.

Contudo, a premissa mais básica do pensamento e da política marxistas é que o programa do proletariado é a abolição das classes, incluindo a abolição do próprio proletariado. Assim, a tendência de afirmar um tipo particular de definição de grupo, que está implícita na política identitária de classe, é contrária ao programa da revolução proletária, que envolve a sua autoabolição. Muitos socialistas subscrevem esse tipo de política identitária de classe. Eles pertencem à tradição que Marx repreendeu na sua *Crítica ao Programa de Gotha* (1891). Marx não concebeu o proletariado como uma espécie de grupo de interesse; na verdade, ele começou com a ideia de que o proletariado era a negação da sociedade existente.

Passemos, então, à classe. Podemos manter a ênfase marxista de que a classe não é apenas uma categoria de distribuição de riqueza – como na ideologia liberal clássica – mas sim definida em termos de formas de propriedade. O que é de importância decisiva é que no marxismo a classe aparece sob duas formas. Primeiro, a classe é uma categoria de análise social, uma definição relativa às formas de propriedade. Mas em segundo lugar, fundamentalmente, classe indica um sujeito político, o agente da emancipação. Da análise social das formas de propriedade deveria vir o fundamento do sujeito político da emancipação. Aqui o marxismo encontrou muitas dificuldades. A unidade dessas duas formas de classe deveria ser garantida por um processo histórico que seria praticamente automático: uma consciência de classe deveria ser gerada espontaneamente pelo processo de trabalho; uma definição particular de classe interna à ordem estabelecida, de um setor hegemônico dos explorados – classicamente o proletariado industrial –, foi entendida como a base para a ruptura com essa ordem.

Essa compreensão complexa de classe é, na verdade, um desenvolvimento singular na história do socialismo moderno, o qual, sob a forma de socialismo utópico no início do século XIX, estava centrado em empresários que se achavam envolvidos com filantropia. Estavam interessados em popularizar a sua mensagem entre os trabalhadores, mas não mais do que isso; não havia nenhuma conexão intrínseca entre socialismo e luta de classes. O socialismo não significava necessariamente um programa, mas uma visão particular da natureza humana, que enfatizava a importância fundamental da "sociabilidade" ou dos "instintos sociais" nela presentes. Implicava uma organização da sociedade que enfatizava a cooperação na ação social e a intervenção no mercado existente – mas não significava necessariamente propriedade coletiva da riqueza. Com o passar do tempo, se tornou claro que essa perspectiva se alinharia com aqueles que acreditavam na igualdade – à maneira da extrema esquerda da Revolução Francesa – e que essa agenda entraria em conflito com os direitos de propriedade. Do outro lado estava o movimento operário, e seu representante era o cartismo, baseado na Carta do Povo, que usava as táticas de greves, petições e reuniões de massa (o direito de reunião não era garantido). Mas as reformas da Carta basearam-se especificamente no aumento da democracia e na conquista dos direitos democráticos: sufrágio, votos secretos e assim por diante.

Durante a maior parte de sua existência como movimento, não houve nada de socialismo nele. Tratava-se de aprofundar a democracia para representar a parte excluída. Foi nesse contexto que o marxismo emergiu e transformou fundamentalmente o que o socialismo significava, no decurso de um processo concreto de reorganização social ao longo dos séculos XVI a XIX. Existem dois fenômenos assimétricos, mas interligados, nesse processo. Primeiro, a substituição do Estado absolutista pela forma organizacional da democracia parlamentar moderna. Essa mudança resulta tanto das contradições dentro das classes dominantes como da pressão das revoltas vindas de baixo. Significa a introdução dos ideais universais de liberdade e igualdade, que têm a sua base material em transformações institucionais: a transferência do poder político do monarca para representantes parlamentares eleitos, e a extensão dos direitos dos cidadãos, incluindo o direito de voto, o direito de possuir propriedade e o direito à liberdade de expressão e crença. Não se trata de uma expressão da ideia de democracia, como os liberais imaginaram e ainda imaginam, mas uma reorganização das estruturas oligárquicas existentes para incorporar instituições representativas. Contudo, o efeito dessas novas instituições foi permitir que as exigências de vários grupos sociais fossem expressas na esfera pública e potencialmente implementadas através da contestação do poder político.

O segundo fenômeno desse processo tem uma relação turbulenta com esses desenvolvimentos democráticos: a emergência do capitalismo. As sociedades pré-capitalistas e feudais tinham hierarquias políticas orgânicas que regulavam tanto o poder de governar quanto a forma como as pessoas atendiam às suas necessidades de subsistência. Sob o capitalismo, essas hierarquias políticas orgânicas foram reorganizadas em esferas separadas, a do político e a do econômico. Isso ocorreu como resultado de importantes processos de desapropriação que separaram as pessoas dos meios de subsistência e as tornaram dependentes do mercado, tanto na forma de trabalhadores assalariados industriais como na forma de trabalho forçado. A satisfação das necessidades de subsistência passou a estar subordinada à acumulação de riqueza abstrata – riqueza sob a forma de dinheiro – que substituiu a conquista de território característica da acumulação feudal. Ao longo desses séculos, a população global seria cada vez mais incorporada ao mercado mundial.

Nos seus primeiros escritos, o jovem Marx tentava compreender a mudança social que ocorria à medida que tomava parte em movimentos de superação dos resíduos do Estado absolutista. Ele observou que a nova concepção liberal das pessoas como portadoras de direitos universais estava fundamentada nas relações sociais do mercado, nas quais as pessoas agiam como indivíduos abstratos e atomizados, trocando suas propriedades. Mas a contradição da sociedade liberal moderna, e das revoluções que lhe conferiam existência, era que essas relações de mercado impediam a emancipação que as revoluções tinham prometido. O que realmente aconteceu foi que uma classe econômica – a burguesia – passou a representar os seus interesses particulares como sendo o interesse social universal, alcançando o domínio político de modo a representar toda a sociedade.

A partir disso, Marx argumentou que a verdadeira emancipação humana só poderia ser alcançada pela nova classe que emergira em oposição à burguesia, e essa classe era o proletariado. Nessa fase inicial, Marx avança essa tese com o argumento de que devido à sua absoluta despossessão, o proletariado só poderia exigir a abolição de toda a sociedade. Em vez de representar hegemonicamente os seus interesses particulares como o interesse social universal, o proletariado representaria genuinamente o interesse humano universal de superar a dominação, a qual encontrou na sociedade de mercado a sua forma mais complexa e desenvolvida. Em vez de confinar esse pensamento numa teoria econômica, ou numa teoria da luta de classes, deveríamos entendê-lo como uma teoria sobre questões políticas fundamentais, incluindo a questão clássica de quem está apto a governar uma sociedade. Toda a história do pensamento político coloca essa questão e propõe diferentes formas de determinar quem está apto a governar: com base no nascimento e na linhagem – como no caso da monarquia – ou com base na educação, que é uma proposição comum do liberalismo clássico.

Em todas elas a premissa subjacente é a de que a maioria não está apta a governar. Para Marx, o objetivo político do proletariado seria superar totalmente essa questão. A verdadeira emancipação é a abolição de qualquer distinção entre governantes e governados; é o poder universal de se autogovernar. É por essa razão que a luta de classes se torna o antagonismo político central das sociedades modernas, e não por causa de qualquer fundamento natural. E assim Marx levaria décadas para definir o que são as classes no modo de produção capitalista, uma vez que a resposta não estaria simplesmente contida de forma transparente na descoberta do proletariado como o sujeito revolucionário. No período de transição da sua obra, Marx desenvolveu uma análise de classe que está inextricavelmente ligada à questão da organização política, uma questão que a sua análise anterior não tinha abordado concretamente. Pois havia uma clara contradição na sua lógica: se a sociedade de mercado reduziu o proletariado a indivíduos atomizados e egoístas, como eles alcançarão a unidade necessária para levar a cabo uma revolução? Assim, no *Manifesto Comunista* (1848), Marx e Engels argumentaram que as forças da história indicavam um movimento em direção à unidade do proletariado, uma vez que ele fora reunido em cidades e fábricas pelo desenvolvimento industrial. Como resultado, os trabalhadores começaram a formar sindicatos para lutar por melhores salários e condições e, portanto, não só melhorar as suas vidas, mas também, e de modo mais importante, aumentar a sua unidade para a luta final pela tomada do poder. Mas esse era um objetivo muito distante. O papel que se projetava concretamente para o proletariado naquela altura era o de intervir nas contínuas revoluções políticas contra os vestígios do feudalismo, como aconteceu em 1848. Mas embora o *Manifesto* sugerisse que as forças da necessidade histórica fizessem com que a continuidade disso levasse a uma revolução contra o capitalismo, tornou-se claro que não existia tal processo automático. Na verdade, as alianças de classe entre a pequena burguesia e o proletariado começaram a se fraturar, as exigências democráticas não conduziram a um movimento contra a propriedade privada e os programas das diferentes frações de classe entraram em conflito aberto. Assim, a derrota de 1848 – quando as forças liberais das classes médias se voltaram contra os interesses da classe trabalhadora – introduziu uma crise na concepção automática de revolução.

A teoria da organização original no *Manifesto* se baseava no progresso linear da história em direção à superação da sociedade de classes. Progresso esse impulsionado pelo desenvolvimento das forças produtivas e pela sua constante contradição com as relações de produção. Mas essa teoria se fragmentou. Ao longo das décadas de 1850 e 1860, Marx ficou cada vez mais desconfiado da visão de que as forças da necessidade histórica levariam automaticamente a uma revolução e, portanto, a uma organização revolucionária. No entanto, não havia alternativa clara a essa teoria. Em *O Capital*, Marx apresentou uma análise inteiramente nova do modo de produção capitalista e, nas suas reflexões sobre a Comuna de Paris, apresentou uma nova compreensão de características da sociedade que adviria de uma revolução. Contudo, ele não apresentou uma nova teoria de organização que correspondesse a essas novas formulações.

O fato de a classe ser para o marxismo ao mesmo tempo um objeto sociológico e empírico *e* um sujeito revolucionário é um problema político, e não apenas teórico. A teoria da classe como objeto interno à ordem existente não é a mesma teoria da classe como sujeito capaz de derrubar a ordem existente. As definições do que já existe não podem servir de base para concretizar a exterioridade ao que existe, isto é, uma forma de vida humana que esteja além do mercado e do Estado. As categorias de análise social, sejam elas classe, raça, gênero ou qualquer outra, descrevem efeitos da estrutura social. Quando a análise social é o ponto de partida e a consciência é entendida como efeito do ser social, permanecemos no nível do que existe, e não da capacidade das pessoas de pensarem o que é distinto e exterior, o que excede aquilo que existe. Como resultado, as tentativas de fundamentar a emancipação numa categoria de análise social nos conduzirão sempre de volta ao já existente.

Contudo, a dificuldade é que, ao mesmo tempo, o projeto de emancipação só existe em modos históricos concretos e determinados, e lida com categorias de análise social. Nenhuma teoria política geral pode determinar antecipadamente o que pode ser inventado pelo pensamento das pessoas. A política existe, portanto, em sequências particulares que têm um começo e um fim; elas terminam quando os procedimentos e objetivos políticos existentes se esgotam.

Como sugeri, Marx propôs uma teoria da emancipação que significava superar a concepção clássica do político como a forma de boa governança, como a determinação de quem está apto para governar e qual a melhor forma de governar. A teoria de Marx significa que a emancipação se baseia necessariamente na premissa de que todos têm igual capacidade de pensamento e que já são, dentro da sociedade existente, capazes de pensar não só no que *existe*, mas no que é *possível*.

Abrir novos caminhos para o pensamento e para a política emancipatória – o que estou cada vez mais inclinado a chamar simplesmente de "política" – é uma luta sem fim. Rupturas são assimétricas. Uma nova linguagem não se torna disponível de forma instantânea e automática para aqueles que buscam novos conceitos. Não consigo assimilar facilmente os debates contínuos sobre o meu *próprio* livro às novas reflexões que a sua recepção provocou. Minhas opiniões estão registradas. Com o tempo procurei não discutir mais questões que fundem o pessoal e o político, uma vez que não parece valer a pena permitir que o que uma pessoa é se torne uma questão de debate político.

Parece que raros são os momentos felizes em que o que pensamos é tão importante quanto quem somos.

Não creio que escreverei novamente sobre "política identitária". Mas amanhã serei outra pessoa. Longe de mim dizer quem sou.

Asad Haider
13 de novembro de 2021

NOTAS

INTRODUÇÃO

1 Gilles Deleuze, "Da superioridade da literatura anglo-americana". In: *Diálogos*. São Paulo: Escuta, 1998. pp 30-42.

2 Hanif Kureishi, "The Road Exactly: Introduction to *My Son the Fanatic*", in *Dreaming and Scheming: Reflections on Writing and Politics* (London: Faber and Faber, 2002), 220.

1. A POLÍTICA IDENTITÁRIA

1 Combahee River Collective, "The Combahee River Collective Statement", in Barbara Smith, ed., *Home Girls* (New Brunswick, NJ: Rutgers University Press, 2000), 268, 264.

2 Combahee River Collective, "Statement", 267.

3 Keeanga-Yamahtta Taylor, ed., How We Get Free: Black Feminism and the Combahee River *Collective* (Chicago: Haymarket, 2017), 59–60.

4 Demita Frazier, "Rethinking Identity Politics", *Sojourner* (Setembro 1995): 12.

5 Salar Mohandesi, "Identity Crisis", *Viewpoint* (Março 2017).

6 Michelle Alexander, "Why Hillary Clinton Doesn't Deserve the Black Vote", *Nation* (Fevereiro 2016).

7 Judith Butler, *A vida psíquica do poder*. São Paulo: Autêntica, 2017.

8 Butler, *A vida psíquica do poder*, 101.

9 Judith Butler, Problemas de gênero: feminismo e subversão da identidade. Rio de Janeiro: Civilização Brasileira, 2003.

10 Ferruccio Gambino, "The Transgression of a Laborer: Malcolm X in the Wilderness of America", *Radical History* (Inverno 1993).

11 Malcolm X, *Malcolm X fala: os discursos do último ano de vida de Malcolm X*. São Paulo: Ubu Editora, 2021.

12 Philip S. Foner, ed., *The Black Panthers Speak* (Boston: Da Capo Press, 1995), 50.

13 Kathleen Neal Cleaver, "Women, Power, and Revolution", in Kathleen Cleaver e George Katsiaficas, eds., *Liberation, Imagination and the Black Panther Party* (New York: Routledge, 2001), 125.

14 Foner, *Black Panthers Speak*, 51.

15 Nikhil Pal Singh, *Black Is a Country* (Cambridge, MA: Harvard University Press, 2004).

16 Jacquelyn Dowd Hall, "The Long Civil Rights Movement and the Political Uses of the Past", *Journal of American History*, vol. 91, n. 4 (Março 2005): 1234.

17 Um excelente relato dessa história pode ser encontrado em Geoff Eley, *Forjando a democracia*. São Paulo: Fundação Perseu Abramo, 2009.

18 C.L.R. James, "The Revolutionary Answer to the Negro Problem in the United States", in *C.L.R. James on the "Negro Question"*, ed. Scott McLemee (Jackson: University Press of Mississippi, 1996).

19 James Boggs, "The American Revolution" (1963), in *Pages from a Black Radical's Notebook*, ed. Stephen M. Ward (Detroit: Wayne State University Press, 2011), 136–37.

20 Michel Martin, interview with Robin D.G. Kelley, "How 'Communism' Brought Racial Equality to the South", National Public Radio, Fevereiro 16, 2010.

21 Hall, "Long Civil Rights Movement", 1245.

22 Hall, "Long Civil Rights Movement", 1239–42.

23 Keeanga-Yamahtta Taylor, *From #BlackLivesMatter to Black Liberation* (Chicago: Haymarket Books, 2016), 15, 80.

24 Taylor, *From #BlackLivesMatter*, 80.

25 James Boggs, "Beyond Civil Rights", 367.

26 Wendy Brown, *States of Injury* (Princeton, NJ: Princeton University Press, 1995), 59.

27 Brown, *States of Injury*, 59–60.

28 Brown, *States of Injury*, 61.

29 Kimberly Springer, *Living for the Revolution* (Durham, NC: Duke University Press, 2005), 56.

30 Frazier, "Identity Politics", 13. Veja também Winifred Breines, *The Trouble Between Us* (New York: Oxford University Press, 2006).

31 Paul Gilroy, *Against Race* (Cambridge, MA: Harvard University Press, 2000), 13.

2. CONTRADIÇÕES ENTRE AS PESSOAS

1 Malcolm X, *Malcolm X Speaks*, 13.

2 George Souvlis e Cornel West, "Black America's Neo-liberal Sleepwalking Is Coming to an End", *openDemocracy* (Junho 2016).

3 Erin Gray, "When the Streets Run Red: For a 21st Century Anti-Lynching Movement", *Mute* (Janeiro 2015).

4 In Taylor, ed., *How We Get Free*, 60.

5 Kimberlé Crenshaw, "Demarginalizing the Intersection of Race and Sex: A Black Feminist Critique of Antidiscrimination Doctrine, Feminist Theory and Antiracist Politics", *University of Chicago Legal Forum*, vol. 1989, n. 1 (1989): 141.

6 Marie Gottschalk, "The Folly of Neoliberal Prison Reform", *Boston Review* (Junho 2015).

7 Veja Frank Wilderson III, "Gramsci's Black Marx: Whither the Slave in Civil Society?", *Social Identities*, vol. 9, n. 2 (2003).

8 Karen E. Fields e Barbara J. Fields, *Racecraft* (New York: Verso, 2014), 117.

9 Numa entrevista de rádio, Wilderson descreve a resposta de Sharpton e a classe dirigente negra como "gestores da fúria negra" e as alianças como "formações antinegras". *IMIXWHATILIKE!*, "Irreconcilable Anti-Blackness and Police Violence" (Outubro 2014).

10 *IMIXWHATILIKE!*, "Irreconcilable Anti-Blackness."

11 Robin D.G. Kelley, "Black Study, Black Struggle", *Boston Review* (Março 2016).

12 John Watson, "Black Editor: An Interview", *Radical America*, vol. 2, n. 4 (Julho–Agosto 1968): 30–31.

13 Ben Mabie, Erin Gray e Asad Haider (eds.), *Black Radical Tradition: A Reader* (New York: Verso, no prelo).

3. A IDEOLOGIA RACIAL

1 W.E.B. Du Bois, *Black Reconstruction* (New York: Free Press, 1998), 700-701.

2 Peggy McIntosh, "White Privilege: Unpacking the Invisible Knapsack", *Peace and Freedom* (Julho-Agosto 1989): 10-12.

3 McIntosh, "White Privilege".

4 Nell Irvin Painter, *The History of White People* (New York: W.W. Norton, 2010), ix.

5 Noel Ignatiev e Ted Allen, "The White Blindspot Documents", in Carl Davidson, ed., *Revolutionary Youth and the New Working Class* (Pittsburgh: Changemaker, 2011), 152-53.

6 Karin Asbley, Bill Ayers, Bernardine Dohrn, John Jacobs, Jeff Jones, Gerry Long, Home Machtinger, Jim Mellen, Terry Robbins, Mark Rudd e Steve Tappis, "You Don't Need a Weatherman to Know Which Way the Wind Blows", *New Left Notes* (18 junho de 1969).

7 Noel Ignatiev, "Without a Science of Navigation We Cannot Sail in Stormy Seas", disponível em marxists.org.

8 Du Bois, *Black Reconstruction*, 700.

9 Theodore W. Allen, *The Invention of the White Race*, vol. 1 (New York: Verso, 2012).

10 Painter, *White People*, xi.

11 Painter, *White People*, 42.

12 Fields e Fields, *Racecraft*, 122.

13 Painter, *White People*, 42.

14 Fields e Fields, *Racecraft*, 141.

15 Frederick Douglass, *Narrativa da vida de Frederick Douglass*. São Paulo, Cia das Letras, 2021.

16 Douglass, *Narrativa da vida de Frederick Douglass*, 211.

17 Douglass, *Narrativa da vida de Frederick Douglass*, 28.

18 Noel Ignatiev, *How the Irish Became White* (New York: Routledge, 1995).

19 Frederick Douglass, "The Kansas-Nebraska Bill" [1854], in *The Life and Writings of Frederick Douglass*, vol. 2, ed. Philip S. Foner (New York: International Publishers, 1950), 317.

20 Fields e Fields, *Racecraft*, 141.

21 Robin D.G. Kelley, *Hammer and Hoe* (Chapel Hill: University of North Carolina Press, 1990), 21.

22 Harry Haywood, *Black Bolshevik* (Chicago: Liberator Press, 1978), 588.

23 Gilroy, *Against Race*, 12.

24 Butler, *A vida psíquica do poder*, 104.

4. PASSING

1 Philip Roth, *A marca humana*. São Paulo: Cia das Letras, 2002.

2 Michael Kimmage, *In History's Grip* (Stanford, CA: Stanford University Press, 2012).

3 Philip Roth, "Channel X: Two Plays on the Race Conflict", *New York Review of Books* (28 maio de 1964).

4 Larry Schwartz, "Roth, Race, and Newark", *Cultural Logic* (2005).

5 Philip Roth, *Adeus, Columbus*. São Paulo: Cia das Letras, 2006. xiv.

6 Amiri Baraka, *The Autobiography of Leroi Jones* (Chicago: Lawrence Hill Books, 1997), 53–54.

7 Baraka, *Autobiography*, 174.

8 Leroi Jones, *Home* (New York: Akashic Books, 2009), 22.

9 Amiri Baraka, *SOS*, ed. Paul Vangelisti (New York: Grove Press, 2015), 57.

10 Baraka, *Autobiography*, 285.

11 Jones, *Home*, 22.

12 Philip Roth, *Pastoral americana*. São Paulo: Cia das Letras, 1998, 164.

13 Komozi Woodard, *A Nation within a Nation* (Chapel Hill: University of North Carolina Press, 1999).

14 Robert Allen, *Black Awakening in Capitalist America* (Trenton, NJ: Africa World Press, 1990).

15 Baraka, *Autobiography*, 463.

16 Amiri Baraka, *Selected Poetry of Amiri Baraka/LeRoi Jones* (New York: William Morrow and Company, 1979), 252–53.

17 Baraka, *SOS*, 160.

18 Amiri Baraka, "A Radical View of Newark", *New York Times* (17 outubro de 1976).

19 Joseph F. Sullivan, "Baraka Drops 'Racism' for Socialism of Marx", *New York Times* (Dezembro 27, 1974).

20 Baraka, "Radical View".

21 Ver Salar Mohandesi, "Between the Ivory Tower and the Assembly Line", *Viewpoint* (Março 2014).

22 Max Elbaum, *Revolution in the Air* (New York: Verso, 2002).

23 Baraka, *Autobiography*, 342.

24 Paul Saba, "Theoretical Practice in the New Communist Movement", *Viewpoint* (Agosto 2015).

5. LEI E ORDEM

1 Sobre o assunto, veja Asad Haider, "Bernstein in Seattle", *Viewpoint* (Maio 2016).

2 Stuart Hall, Chas Critcher, Tony Jefferson, John Clarke e Brian Roberts, *Policing the Crisis: Mugging, the State and Law and Order* (Basingstoke: Palgrave Macmillan, 2013), 224.

3 Hall et al., *Policing the Crisis*, 211.

4 Hall et al., *Policing the Crisis*, 326.

5 Para um entendimento da complexa inter-relação das revoltas urbanas e das lutas de fábrica, veja Dan Georgakas e Marvin Surkin, *Detroit: I Do Mind Dying* (Chicago: Haymarket, 2012). A análise teórica mais significativa dessa inter-relação na época está num texto de 1963 que influenciou profundamente a LRBW: James Boggs, *A revolução americana*. São Paulo: Brasiliense, 1969.

6 Hall et al., *Policing the Crisis*, 333.

7 Hall et al., *Policing the Crisis*, 325.

8 Hall et al., *Policing the Crisis*, 349.

9 Hall et al., *Policing the Crisis*, 363.

10 Hall et al., *Policing the Crisis*, 371.

11 Hall et al., *Policing the Crisis*, 382.

12 Hall et al., *Policing the Crisis*, 383.

13 Hall et al., *Policing the Crisis*, 386.

14 Hall et al., *Policing the Crisis*, 340.

15 Hall et al., *Policing the Crisis*, 387.

16 Hall et al., *Policing the Crisis*, 214.

17 Hall et al., *Policing the Crisis*, 218.

18 Stuart Hall, "The Great Moving Right Show", *Marxism Today* (Janeiro 1979): 18; veja também uma versão mais elaborada em *The Hard Road to Renewal* (London: Verso, 1988), 50–51.

19 Hall, "Great Moving Right Show", 16.

20 Hall, "Great Moving Right Show", 20.

21 Hall, *Hard Road to Renewal*, 203–204.

22 Ralph Miliband, "The New Revisionism in Britain", *New Left Review* I, n. 150 (Abril 1985): 6.

23 Miliband, "New Revisionism", 26.

24 Paul Gilroy, *There Ain't No Black in the Union Jack* (London: Hutchinson, 1987), 27.

25 Michael Newman, *Ralph Miliband and the Politics of the New Left* (London: Monthly Review Press, 2003), 285–86.

26 Veja Diarmaid Kelliher, "Solidarity and Sexuality: Lesbians and Gays Support the Miners 1984–5", *History Workshop Journal*, vol., 77, n. 1 (1 abril de 2014): 240–62.

27 Doreen Massey e Hilary Wainwright, "Beyond the Coalfields", in *Digging Deeper: Issues in the Miners' Strike*, ed. Huw Beynon (London: Verso, 1985), 168.

28 Hall, *Hard Road to Renewal*, 205.

29 Veja Larry M. Bartels, "Who's Bitter Now?", *New York Times*, 17 de abril de 2008.

30 Gilroy, *There Ain't No Black*, 29.

31 Wendy Brown, "Resisting Left Melancholy", *Boundary 2*, vol. 26, n. 3 (Outono 1999): 26.

6. A UNIVERSALIDADE

1 Sandro Mezzadra, "The Right to Escape", *Ephemera*, vol. 4, n. 3 (2004).

2 Étienne Balibar, *We, the People of Europe? Reflections on Transnational Citizenship*, trad. James Swenson (Princeton, NJ: Princeton University Press, 2004), 8. Para uma análise complementar específica do caso americano, veja *Black Is a Country*, de Singh.

3 Veja "Exclusiveness and Political Universalism in Bruno Bauer", de Massimiliano Tomba, in *The New Hegelians,* ed. Douglas Moggach, (Cambridge: Cambridge University Press, 2006), e "Emancipation as

Therapy: Bauer and Marx on the Jewish Question", in Michael Quante e Amir Mohseni, eds., *Die linken Hegelianer* (Paderborn, Germany: Wilhelm Fink, 2015).

4 Karl Marx, "On the Jewish Question", in *Early Writings*, trad. Rodney Livingstone e Gregor Benton (London: Penguin, 1992 [1843]), 229.

5 Brown, *States of Injury*, 99.

6 Brown, *States of Injury*, 134.

7 Brown, *States of Injury*, 131.

8 Alain Badiou, *Ética. Um ensaio sobre a consciência do mal*. Rio de Janeiro: Relume-Dumará, 1995.

9 Massimiliano Tomba, "1793: The Neglected Legacy of Insurgent Universality", *History of the Present. A Journal of Critical History*, vol. 5, n. 2 (2015): 111.

10 Victor Schoelcher, *Vie de Toussaint Louverture* (Paris: Editions Karthala, 1982), 264. Minha tradução.

11 Alain Badiou, *Metapolitics*, trad. Jason Barker (New York: Verso, 2005), 149.

12 Badiou, *Ética*, 25–26.

13 Judith Butler, *Parting Ways: Jewishness and the Critique of Zionism* (New York: Columbia University Press, 2012), 2.

14 C.L.R. James, "Dialectical Materialism and the Fate of Humanity", in *Spheres of Existence* (London: Allison & Busby, 1980), 91.

15 Paul Gilroy, *The Black Atlantic* (New York: Verso, 1993), 2.

16 Taylor, ed., *How We Get Free*, 119–20.

17 Gilroy, *Black Atlantic*, 49.

18 Gilroy, *Against Race*, 96, 71.

19 Taylor, ed., *How We Get Free*, 67.

20 C.L.R. James, *The Black Jacobins* (New York: Vintage, 1989), 106.

21 Martin Luther King Jr., *The Papers of Martin Luther King, Jr., Volume IV*, ed. Clayborne Carson, Susan Carson, Adrienne Clay, Virginia Shadron e Kieran Taylor (Berkeley: University of California Press, 2000), 150.

22 Sojourner Truth Organization, *Urgent Tasks*, n. 12 (Verão 1981).